결국
ETF가
답이다

결국 ETF가 답이다

초 판 1쇄 2020년 07월 08일

기   획 김도사
지은이 김이슬
펴낸이 류종렬

펴낸곳 미다스북스
총괄실장 명상완
책임편집 이다경
책임진행 박새연, 김가영, 신은서
책임교정 최은혜, 정은희, 강윤희, 정필례

등록 2001년 3월 21일 제2001-000040호
주소 서울시 마포구 양화로 133 서교타워 711호
전화 02) 322-7802~3
팩스 02) 6007-1845
블로그 http://blog.naver.com/midasbooks
전자주소 midasbooks@hanmail.net
페이스북 https://www.facebook.com/midasbooks425

© 김도사, 김이슬, 미다스북스 2020, *Printed in Korea.*

ISBN 978-89-6637-817-3 03320

값 15,000원

미다스북스는 다음세대에게 필요한 지혜와 교양을 생각합니다.

결국
ETF가
답이다

김도사 기획 · **김이슬** 지음

미다스북스

프롤로그

"모든 불안의 원천은 돈이다"

'부자로 살고 싶어.'

누구나 한번쯤 꾸었을 꿈이다. 내가 어떤 일을 하든 부자로 살고 싶다. 자유롭게 시간을 쓰면서, 일하고 싶을 때 일하고, 여행하고 싶을 때 여행하고, 만나고 싶은 사람들을 만날 수 있는, 경제적 자유를 가지고 싶다. 그 열망이 강한 사람들일수록 지금 이 순간에 안주하지 않고 투자의 길을 가게 된다.

나는 어려서부터 돈에 관심이 많았다. 5살 어린 나이에도 수많은 장난

감 중에 은행놀이 세트를 가장 먼저 골랐다. 그렇게 원하던 은행원이 되고 나서 나는 절실히 깨달았다. 돈을 다루는 직업을 가졌지만, 내 돈을 스스로 불릴 수 있는 사람은 투자자라는 사실을 말이다. 매일 만나는 저축하는 사람들의 현실은 내가 꿈꾸던 현실이 아니었다. 어려서부터 들었던 저축을 해야 행복하게 살 수 있고, 부자가 될 수 있다는 말은 이제 더 이상 사실이 아니다.

한국인들이 노후준비로 가장 많이 하는 3가지 방법이 있다. 첫 번째, 저축이다. 은행에서 근무하는 동안 나는 사회 초년생부터 나이가 90세에 이르는 분까지 많은 고객들을 만났다. 대부분 성실하게 직장생활을 하는 직장인이거나, 충실히 가정을 돌보는 주부였다. 은행에 저축을 하러 오는 사람들은 모두 한 가지 공통점이 있다. 지금 삶을 열심히 살아보겠다는 '의지'가 있는 사람들이라는 것이다. 그렇지만 계속 낮아지는 금리에 저축자들은 미래에 대한 불안을 크게 느끼고 있다.

두 번째 방법은 연금이다. 직장에 다니는 사람들은 당연히 국민연금으로 회사에서 자동으로 나가고 있고, 주부라도 따로 가입해서 국민연금에 가입되어 있는 사람들이 많다. 그런데 2020년 6월 22일자 중앙일보 기사가 눈에 띄었다. "국민연금 2054년 고갈, 8대 사회보험 다 빨간불"이라는 제목의 기사였다. 국민, 공무원, 군인, 사학 4대 연금과 고용, 산재,

건강, 노인장기요양 4대 보험 모두 재정에 빨간불이 켜졌고, 특히 국민연금은 앞으로 34년이면 바닥을 드러낼 것이라는 내용이다.

국민연금만 믿을 수 없다고 생각한 사람들은 이미 많다. 그래서 스스로 준비해야겠다는 생각에, 개인연금을 증권, 보험, 은행사에 많이 가입한 상태이다. 하지만 개인연금의 상품 구조를 보면 초기 사업연도에 빠지는 사업비가 많고, 결국 물가 상승률에 비해서 받는 수령 금액은 형편이 없다. 지금 당장 불안하다고 가입했다가, 수령할 때쯤 되면 더 비참한 상황이 되어 아차 싶은 심정이 들게 한다.

마지막으로 저축성 보험이 있다. 한때 '1억 만들기'라는 비과세 상품으로 은행에서도 유행을 했었다. 상품명은 여러 가지로 다양하지만 요지는 비슷하다. 당장 상품에 가입해서 30만 원~70만 원씩 월납입을 하고 10년 동안 유지를 하면 비과세 혜택을 주는 상품으로 각 은행사도 보험사 상품을 대리로 판매하거나, 자체 보험회사를 운영 중인 금융회사에서 판매되는 상품이다. 이 상품은 판매하는 권유자에게 수당이 많이 지급되기도 해서, 사실 상품의 가입자보다는 판매자를 위한 상품이라고 생각한다. 수많은 가입자들이 기간을 채우지 못하고 손해를 보고 중도해지를 하기도 하는 상품이다. 하지만 처음에는 막연히 목표 금액만을 생각하고 가입했다가 중간에 후회하는 경우가 다반사이다.

　한국 사람들에게 가장 필요한 것은 무엇일까? 나는 미국의 401K 연금 제도를 처음 알았을 때 미국이 정말 부러웠다. 열심히 사회생활을 하면서 받은 월급이 충분한 노후 연금으로 만들어줄 수 있었기 때문이다. 401K 연금을 가입한 사람들은 성장하는 미국의 전체 시장 지수에 월급의 10%가 자동으로 투자되었기 때문이다. 미국에서 생활했던 잠시 동안 내가 만났던 많은 직장 동료들은 저축을 하고 있지 않았다. 나는 미국이 소비의 국가임을 직접 느낄 수 있었다.

　우리나라 사람들은 불안 때문에 잃고 있는 것이 너무 많다. 불안하니까 직장이라는 족쇄에서 벗어날 수가 없다. 불안하니까 당장 금융회사를 위한 혜택이 좋지도 않은 상품에 가입한다. 불안하니까 꿈과 희망을 좇는 것이 아닌 현실에만 집중해야 한다. 제대로 된 금융수익을 누릴 수 있는 연금제도가 있다면 조금 더 나은 방향으로 바뀔 수 있지 않을까 하는 생각이 크다.

"시장은 IQ가 1000이다"
　ETF는 상장지수펀드이다. 가장 대표적인 ETF는 시장지수를 주식시장에 상장시킨 상품이다. 통계적으로 이미 시장을 그대로 따라가는 지수펀드가 펀드매니저들이 골라 놓은 액티브펀드보다 뛰어난 성적을 거두었음이 밝혀졌다. 미국뿐만 아니라 우리나라에서도 마찬가지이다. 이렇게 될 수 있었던 것은 지수펀드의 시초가 금융 투자자를 위한 것이었기 때문이다. 시장은 끊임없이 성장하는데 투자자들은 계속 손해를 보고, 금융회사의 수익은 계속 올라가는 것을 보면서 존 보글은 '모든 시장에 투자하라'며 인덱스펀드를 만들었다. 그 덕분에 투자에 대해 잘 모르는 개인 투자자들도 시장의 수익을 향유할 수 있게 되었다.

나는 우리나라 사람들이 투자로 좀 더 나은 삶을 살고, 자신의 연금 시스템을 구축하고 싶다면 반드시 ETF를 이용해야 함을 알고 있다. 그래서 네이버카페 〈한국주식투자코칭협회〉에 초보 투자자들을 위한 글을 매일 올리고 있다. 유튜브 주이슬 StockYiSeul을 통해서도 더 많은 사람들이 노동수익뿐 아니라 자본수익을 누릴 수 있도록 돕고 있다.

마지막으로, 내가 직장인으로 생활하며, 그저 나의 투자수익에만 만족하고 있을 때, 한 발 더 앞으로 나아갈 수 있게 해준 나의 인생 멘토 '김도사'님과 '권마담'님에게 감사를 드린다. 책을 써서 투자 메신저로, 동기부여가로 살 수 있도록 도와주셨고, 삶의 지혜를 주신 분들이다. 지혜는 눈에 보이지 않지만 한 사람의 인생을 단번에 바꿀 수 있는 가장 큰 보물이라는 것을 알기에 두 분께는 정말 감사하다는 마음을 전하고 싶다. 그리고 나의 사랑하는 가족, 무한한 사랑을 주시는 아버지, 어머니, 아직도 내 눈에는 귀여운 남동생, 배려 깊은 신랑, 사랑으로 뭐든 믿어주시는 아버님, 어머님께도 항상 감사드리고 사랑한다는 말씀을 드린다.

목차

1장 이대로 월급만 믿을 순 없다

6장 월급만 믿기에 불안한 직장인들에게

Exchange
Traded
Fund

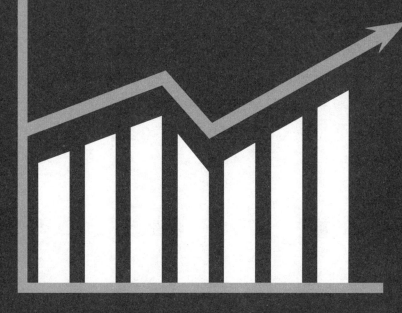

1장

이대로
월급만
믿을 순 없다

1

이대로 월급만
믿을 순 없다

나는 5년 동안 은행원이었다. 매일 아침 새벽 6시, 졸린 눈을 애써 떠
가며 출근 준비를 했다. 아침은 두유로 대충 하고 회사로 향한다. 출근하
자마자 지점 청소를 하고, 아침 회의를 한다. 끊임없이 오는 손님을 받
고, 오후 5시 마감 시간이 되면 셔터를 내렸다. 그리고 다시 사무직 일을
시작했다. 밤늦은 시간 집에 오면 지쳐 잠이 들기 일쑤였다. 그것이 나의
일상이었다.

월급쟁이에게 월급은 가장 큰 행복이자 무기다. 나는 그 월급을 위해 5
년을 바쳤다. 주말은 당연히 피로 회복의 시간으로 잠을 자거나 누워서

스마트폰을 하며 월요일이 오지 않기를 바라며 보냈다. 성장이 없는 일상이 반복됐다. 그런데 월급을 아무리 모아도, 직장에 내 시간을 모두 바쳐도 이렇게는 도저히 부자가 될 수 없을 것이라는 사실을 깨달았다.

'이게 답일까?' 스스로에게 물었다. '정말 이렇게 사는 것이 맞는 걸까?' 내 주변의 가족들과 친구들은 그게 답이라고 했다. 열심히 공부해서 좋은 대학을 가고, 연봉이 높은 회사에 들어가 정년이 보장되는 직장에서 월급에 만족하며 사는 것이 답이라고 말이다.

시간을 돈으로 바꾸는 인생. 그 말을 들었던 순간 나는 머리를 한 대 맞은 것 같은 충격을 받았다. 내가 가장 아름답고 행복하고 싶은 순간에 모든 시간을 돈으로 바꾸고 있었다. '하루 10만 원에 바꾸어야 하는 삶이라니….' 끔찍했다. 누군가는 복에 겨운 소리라고 할지 몰라도 적어도 나에겐 그랬다. 난 그것보다 더 행복해야 하고, 많은 것을 할 수 있는 큰 존재라 생각했다. 그때부터 나는 자유에 대한 갈망으로 투자를 공부했다.

그리고 나의 원동력은 분노였다. 고객 응대를 할 때 그저 서비스 노동자라는 이유만으로 고개를 숙여야 하는 순간들마다 '나는 당신들보다 잘 살 거야.'라고 속으로 얼마나 외쳤던가! 사람에게 받는 에너지도 크지만 상처받는 순간들도 많았다. 하지만 그런 순간들마다 나는 내가 더 잘돼서 내가 좋아하는 사람들과 함께하는 시간이 많기를 바랐다. 결국 모든 것은 돈이 문제였다. 회사에 계속 붙들려 있을 수밖에 없게 발목을 붙잡은 것은 안정적인 월급이었다.

도전이 무서웠고, 모든 것을 잃을까봐 두려웠다. 그래서 월급이 들어오는 안정적인 직업을 택했다. 나는 인정하고 싶지 않지만 겁이 많았다. 상사에게 싫은 소리 듣고, 고객에게 머리 조아리려가며 얻은 피 같은 돈을 잃고 싶지 않았다. 그래서 꼬박꼬박 저축을 했다.

내가 우리 회사에 돈을 저축하는 동안 금리가 계속 내려갔다. 돈을 모으고는 있지만 전혀 불리지는 못했다. 그저 이만큼 모았다는 것에 만족해야 했다. 오로지 내가 돈을 더 모을 수 있는 방법은 수당을 더 받거나, 아껴 쓰는 방법뿐이었다.

투자는 저축과 달랐다. 내가 번 돈을 불릴 수 있는 수단이었다. 그런데 처음 나는 투자를 투기라고 생각했다. 아무 노력 없이 돈을 벌어선 안 될 것 같다는 생각이 나도 모르게 내 잠재의식 속에 있었다. 아버지가 어려서부터 가훈으로 항상 이렇게 말씀하셨기 때문이다.

'일하지 않는 자 먹지도 말라!'

투자는 일하지 않고 버는 돈처럼 보였다. 그런데 막상 투자를 시작하고 보니, 투자하는 사람들은 누구보다 부지런하고 도전적이고 끊임없이 배우는 사람들이었다. 투자에는 위험이 따른다. 공부하지 않으면 수익을 지킬 수 없을뿐더러 제대로 된 수익도 볼 수 없다. 하지만 한 번 제대로 하기 시작하면 그 어떤 것보다 수익도 크다.

나는 투자를 배우는 데 돈을 아끼지 않았다. 스스로 투자를 공부해서 익히는 데 훨씬 더 큰 시간과 비용이 들어갈 것을 알고 있었다. 그래서 투자에 대한 강의를 찾아서 들으러 다녔다. 주식, 채권, 부동산, 경매 등 투자에 대한 강의는 찾아가서 들었다. 그리고 모두 직접 해보았다. 내가 직접 해보아야 어떤 것이 나에게 가장 잘 어울리는 옷인지 알 수 있기 때문이다. 공부하고 실행하며 그렇게 투자를 했다.

이제는 친구들이 내게 묻는다. 주식 투자는 어떻게 하면 되는 것이냐고 물어오는 사람들이 많아졌다. 그럴 때마다 내가 처음 주식을 시작했던 순간이 떠오른다. 나 역시 어떻게 계좌를 열어야 하는지도 몰랐다. 주식은 어디서 매수해야 하는지도 몰랐던 때가 있었다. 그때 내게 멘토가 있었다.

주변에 주식을 하는 사람이 한 명쯤은 있을 것이다. 그 사람은 실제로 시장에서 먼저 한 경험이 있기 때문에 물어보고 시작해도 좋다. 다만 종목이라든가 매수 타이밍을 맹목적으로 믿고 큰돈을 투자해서는 안 된다. 그 사람은 자신만의 경험이 있고, 그것을 믿고 투자하는 사람이다. 이제 막 투자를 시작하는 사람에게는 원칙도 없고, 경험도 없다. 그러니 믿음이 있을 수가 없다. 그런 때 투자금을 크게 해서 투자하면 손해로 끝날 확률이 크다.

월급으로 투자를 시작하면 가장 큰 장점이 있다. 월급 투자는 정해진 금액을 적립식으로 투자하기 좋다. 주식 투자를 하며 가장 조심해야 할 것이 한꺼번에 큰돈을 한번에 몰아서 투자를 하는 것이다. 주식이 올라가는 시기는 신도 모른다고 했다. 다만 조금 더 알고 있으면 경험으로 인해, 남들보다 빠른 대응을 할 수 있을 뿐이다. 그러니 일부러라도 적립식으로 투자를 해야 하는데, 욕심이 커지면 이 원칙을 지키기 힘들다.

특히 개별 종목을 정보로 하는 경우가 그렇다. 아는 사람이 대박이 났다는 소문에 들어가면 이미 그 주식은 꼭대기이다. 꼭대기에서 매수를 했으니 원래의 가치대로 내려오는 것이 당연한데도 탐욕 때문에 가지고 있는 것을 모두 넣는 것이다.

처음 주식 투자를 시작하며 운 좋게 돈을 번 경우가 더 위험한 이유가 바로 이 때문이다. 처음에 수익이 크게 나면 자신의 실력이라고 착각하여 더 큰돈을 끌어모아 투자를 한다. 그러면 그때 주식은 매서운 칼날을 드리운다.

네덜란드에서 튤립 투기가 일어났던 시대에 사람들은 대박을 꿈꾸고 튤립 알뿌리를 구하기 위해 집 한 채 가격을 지불했다. 그처럼 끊임없이 대박 신화를 꿈꾸며 오늘도 누군가는 주식시장에 뛰어든다. 그렇지만 주식시장에서는 개인 투자자 100명 중 95명은 돈을 잃고 시장을 떠나고, 4명은 본전을 유지하고 단 1명만 수익을 얻는다는 통계가 있다. 이처럼 아무런 보호 장비 없이 주식이라는 큰 바다에 맨몸으로 뛰어드는 사람이 있다면 나는 말리고 싶다.

주식 투자에서 제대로 성공하고 싶다면 월급이 들어올 때 시작하라. 그것만으로도 이미 구명조끼를 입고 시작하는 것이다. 은행만 믿고 적금을 하기에는 이미 시대가 변했다. 고성장 고물가 시대의 투자법이었던 저축이 지금도 내 돈을 잘 지켜줄 수는 없다. 그러니 시대에 맞게 내가 발맞추어 투자를 시작해야 한다. 이제 투자는 선택이 아니라 생존이다.

이대로 월급만 믿을 수 없다. 월급이 주는 안락함에 젖어서 시간을 보내다가 더 이상 월급을 받을 수 없는 때가 온다. 그것이 퇴직이든, 사고를 당해서 일을 못하게 되는 것이든 그런 순간은 반드시 온다. 생각했던 것보다 빠르게 올 수 있다. 그때가 되어서야 '나도 어디 다른 곳에 투자를 해볼까?' 하고 시작한다면 조급한 마음에 모두 망칠 수 있다. 그러니 지금 당장 월급이 들어올 때 투자를 시작해야 한다.

2
이제 더 이상
정년은 없다

정년이 사라졌다. 백세 시대에 접어들어 노동으로 돈을 버는 것은 힘들고 고달프다. 우리가 보통 회사에 취업하는 20대, 30대를 지나 오래해야 60대면 대부분 은퇴를 한다. 그러고 나서 무려 40년을 더 살아야 하는 것이다. 백세 시대에는 오래 사는 것이 축복인 사람과 불행인 사람으로 나뉜다.

나는 은행에 다니며 지점장이 되어 정년까지 일하는 것이 꿈이었다. 연봉도 높고 안정적인 직장이었기에 힘든 일이 있을 때마다 월급을 기다리며 버렸다. 직장을 다니는 것은 눈치 보는 능력이었다. 고객에게 친절해야 하고, 선배들에게 밉보이지 않아야 하고, 직장 상사의 눈치를 항상보아야 했기에 신경이 곤두서 있었다.

그러는 동안 나와 함께했던 동료 절반이 떠나갔다. 나는 쉽게 직장을그만두는 그들을 이해할 수 없었다. 직장 밖으로 나가면 전쟁이라는 생각이 있었기 때문에, 그들이 무모해보였다. 입사한 지 얼마 되지 않았을때 회사를 나간 한 선배는 자신의 꿈이 커피숍을 차리는 것이었다고 했다. 그래서 5,000만 원이 모이면 바로 회사를 그만두고 창업을 할 것이라 했다. 실제로 통장에 5,000만 원이 찍히고 선배는 바로 사직서를 제출했다. 직장 동료들은 모두 그의 꿈을 응원해주었지만, 걱정을 하는 사람도 많았다. 그리고 1년 만에 처음 해본 창업은 어렵게 버티다 끝내 폐업으로 결론이 지어졌다.

직장을 이직한 동료들도 많았다. 특히 월급이 더 많은 곳으로 가기 위해서보다는 사람 때문에 받은 스트레스를 견디지 못하고 그만둔 동료들이 많았다. 나는 다른 곳에 가면 또 비슷한 사람이 있을 것이라 생각했기에 사람 때문에 그만두면 본인 손해라 생각했다. 하지만 그 모든 것은 본인의 선택이기에 직장을 그만둘 용기가 있는 사람들이 그저 신기했다.

나는 그렇게 하지 못했으니까….

직장에 다니는 것은 안정감을 준다. 매월 들어오는 월급으로 생활비, 여가비, 부모님 용돈까지 지금 당장은 모두 해결이 가능하다. 그래서 직장인들은 직장을 쉽게 나올 생각을 할 수 없다. 다만 현실에 만족하며 직장인으로 긴 세월을 보내고, 회사를 나올 때가 되면 은퇴 후의 삶에 대한 걱정이 커진다.

한 직장에서 보통 내가 죽을 때까지, 원하는 만큼 일할 수 있는 사람은 사장뿐이기 때문이다. 직장인들은 퇴직 후 다시 돈을 벌 궁리를 해야 한다. 준비 없이 퇴직을 한 은퇴자는 매월 들어가는 생활비만 생각해도 숨이 턱 막히고 눈앞이 깜깜해진다. 그러니 은퇴 후의 삶을 어떻게 준비할 것인가에 대한 책과 방송들이 화두가 된 지 오래다.

한 직장에서 20년이 넘게 근무한 우리 아버지는 3년 후 은퇴를 하신다. 이후에 어떻게 지낼지 고민하시던 아버지는 5년 전쯤 연금 상품을 2개 더 가입하셨다. 그리고 그 연금을 믿고 꾸준히 보험회사와 증권회사에 연금을 넣고 계신다. 내가 다닌 은행의 연금도 이미 오래전에 가입을 해두신 터라 나는 연금 상품으로 아버지가 은퇴를 준비하고 계시다는 것을 알 수 있었다.

우리 시아버님은 전기 구리선을 만드는 기계를 만드는 기술자이시다.

혼자 일하시면서 기계를 공장에 납품하는 일을 하신다. 사업자를 내고 모든 일을 혼자 하시기 때문에 수익도 크다. 그렇지만 환갑을 훌쩍 넘기시고 아버님은 부쩍 몸이 많이 힘들어지셨다. 무거운 기계를 혼자의 힘으로 계속 들다 보니 무리가 온 것이다. 아버님과 어머님은 올해 일을 정리하실 것이라 했다.

나의 부모님들은 긴 세월을 일하시며 자식들을 대학까지 모두 보내고, 결혼도 시켰다. 젊어서 대출을 받아 산 집의 대출금을 꼬박꼬박 갚으셨다. 지금도 빚은 나쁜 것이라 생각하시고, 투자는 위험한 것이라 생각하신다. 나는 그것이 당연하다고 생각한다. 고물가 고성장 시기에는 은행에 저축만 해도 20%가 넘는 금리를 주었고, 외환 위기와 금융 위기를 겪으면서 자산이 폭락하는 경험도 하셨기 때문이다. 그리고 우리 부모님이 젊어서 일하던 시기는, 성실히만 일하면 은행의 도움을 받아 자신의 집을 갖는 것이 가능했던 시기였기 때문이다.

백세 시대에 5,60대는 인생 2막의 시작이다. 건강하게 행복한 삶을 위해서는 돈이 계속 필요하다. 지금까지 돈을 가장 활발하게 버는 시기인 3,40대가 지나가고 앞으로의 삶을 살아가는 데 필요한 돈이 축적되어 있어야 원하는 삶이 가능하다. 보통 노후에는 여행을 다니며 자식들에게 충분히 경제적으로 도움도 주고, 지금까지 일하느라 해보지 못한 것을 하는 삶을 꿈꾼다.

그런데 우리나라의 현실은 OECD 노인 빈곤율 1위, 재테크를 제대로 모르는 사람들이 대부분인 금융 문맹국이다. 정년을 꿈꾸는 대로 살기 위한 전략이 없다. 돈을 한참 버는 시기에 반드시 재테크도 시작해야 하지만, 막상 닥쳐야 마음 급하게 시작하는 사람들이 많은 것이다. 주식도 자본금이 있어야 시작할 수 있다고 생각하는 사람이 많다. 그래서 개인 투자자들이 가장 돈 많은 시기가 처음 주식 투자를 시작하는 시기라는 말도 있다. 알지도 못하는 상태로 큰돈을 투자하니 돈을 벌 확률보다 잃을 확률이 큰 것이다.

회사를 나와서도 수입을 창출할 수 있는 1인 창업에 대한 수요가 커졌다. 정년이 필요 없는 1인 크리에이터의 삶을 꿈꾸는 사람들이 많아진 것이다. 요즘은 나이와 상관없이 다양한 분야의 유튜버들이 활동한다. 나는 이런 현상이 정말 우리나라 사람들에게 큰 기회라 생각한다.

우리나라 사람들의 강점은 무엇이든 빠르고, 센스 있게, 문화 콘텐츠적인 요소를 담는 능력이다. 그러니 우리나라의 강점인 자본집약적이고, 해학적인 요소를 담는 콘텐츠 사업은 계속 발전될 것이라 본다.

정년퇴직 후 무턱대고 치킨집 하나를 차리려고 해도 적게는 2억에서 유명 브랜드 치킨집은 5억까지 든다. 이렇게 큰돈을 들여서 한 창업이 성공하면 다행이지만 그동안 오랜 기간 준비할 시간도 없이 무작정 내몰려서 시작한 창업은 대부분 실패로 끝난다. 내가 세무서에서 대학생 때 인턴을 하며 했던 일이 폐업 신고한 서류를 정리하는 일이었는데 하루에도 수많은 폐업 신고서들이 생겼다. 그래서 그때 나는 가게 10군데 중 8군데가 문을 닫는다는 말의 현실을 볼 수 있었다.

그런데 1인 창업은 자본금 없이 시작할 수 있는 좋은 기회이다. 정년이 없어진 시대에 수입을 늘릴 수 있는 최고의 방법이다. 나는 이러한 모든 방법이 투자에서 시작된다고 생각한다.

투자는 금융 상품이나 실물 상품에도 투자할 수 있고 나 자신에게도 투자할 수 있다. 나는 주식 투자를 시작하며 돈에 대한 개념이 바뀌었다. 돈은 시장에 참여해 있을 때 가장 큰 빛을 발한다. 그리고 더 크게 되어 나에게 돌아온다. 돈을 아끼는 것에만 몰두했던 내가 투자를 시작하며 어떻게 돈을 쓰고 불릴 것인가를 고민하게 됐다.

결과적으로 나는 20대에 주식 투자, 부동산 투자, 채권 투자를 시작했다. 그리고 자기계발에 투자하여 빠르게 책 쓰기를 시작하고 1인 창업을 위한 유튜브, 블로그, 카페 활동을 시작했다. 돈을 벌기 위한 모든 수단을 가지게 된 것이다.

　이제는 더 이상 정년은 없다. 나는 원하는 시간에 투자를 하고, 책을
쓰고, 강의를 한다. 지금 내게는 모든 자유가 있다. 직장생활을 하며 번
월급으로 나는 주식 투자를 시작했고, 나에게 투자했다. 다른 사람들보
다 빠르게 퇴직을 성공적으로 할 수 있었던 가장 큰 이유는 남들보다 투
자를 빠르게 시작했기 때문이다.

3
돈의 굴레에서
자유로워져라

   가끔 투자를 시작한 시점을 돌이켜 생각해본다. '나는 왜 사람들이 위험하다는 주식을 시작했을까? 처음 돈을 투자하고 예금을 깨서 목돈을 투자했을 때 너무 무모하지 않았나?' 이에 대한 답은 돈에서 자유로워지고 싶었기 때문이었다. 월급만 바라보면서 살기에는 현실이 나아질 것 같지 않았다.

   다행히 나에게는 투자 멘토가 있었다. 나보다 먼저 주식 투자를 하고 있었던 지인을 통해 주식 매매는 어떻게 해야 하는지, 어떤 주식을 사면 좋은지를 배울 수 있었다. 처음에는 모르니까 무작정 따라 했다. 그러다 궁금해졌다. 주식을 제대로 공부해서 내 판단 하에 매매를 하고 싶었다. 그리고 나는 주식에 관련된 책을 보며 공부하기 시작했다.

신입 사원 교육 때 만난 동기가 결혼을 하여, 오랜만에 동기들을 만났다. 결혼식장에서 만난 동기들과 오랜만에 이야기를 나누었다.

"다른 동기들은 회사 벌써 그만둔 사람들 많대."
"우리는 참 독하다. 아직도 거의 다 회사에 붙어 있네."

그 시절 나는 회사를 다니며 지점장이 될 때까지 일을 절대 그만두지 않으리라 생각했다. 그래서 다른 직원들이 꺼려하는 일을 모두 맡아서 했다. 지점에 늦게까지 남아 야근을 하면 인정해주는 분위기였기 때문이다. 직장 상사들에게 잘 보이고 싶어 회식 자리도 빠지지 않았다. 그래서 내게 남은 것은 계속 끊임없이 요구되는 열정이었다.

첫 직장이었다. 그래서 아침에 출근을 하면 기뻤고, 고객들을 만날 수 있어 행복했다. 2년 동안은 정말 온 마음을 다해 일했다. 친절한 사원, 상사에게 예쁨 받는 직원, 고객들이 찾는 직원으로 살기 위해 부단히도 노력했다. 반복되는 생활 속에 언젠가부터 가슴이 답답했다. 안 되는 일을 되게끔 해달라고 억지를 부리는 고객이 있었어도, 살면서 처음 듣는 욕을 들었을 때도 그런 일쯤은 훌훌 털어버리면 그만이었다. 문제는 그게 아니었다. 내가 월급을 받는 직장인이라는 것 자체가 문제였다.

월급은 나를 직장에 가둬두는 달콤한 족쇄였다. 창구에서 끊임없이 손님을 받을 때면 나는 창밖의 비둘기가 부러웠다. 사람들은 더럽다고 피하는 비둘기가 자유로워 보여서 부러웠다. 나는 이 한 평도 안 되는 공간에서 한순간도 벗어날 수 없는데 '저 새들은 가고 싶은 곳으로 언제든지 갈 수 있구나.' 싶었다.

집으로 돌아가 부모님 얼굴을 보면 회사를 그만두고 싶다는 말을 할 수가 없었다. 평생 직장생활하시면서 대학교까지 보내주신 부모님에게 겨우 2년을 다니고 힘들다는 말을 할 수는 없었다. 그리고 그 오랜 기간 동안 분명히 힘든 일도 많으셨을 텐데 항상 회사에 가는 게 가장 마음이 편하고 좋다며 씩씩하게 출근하셨던 아빠를 보면서 눈물이 났다. 그동안 내가 따뜻한 집에서 따뜻한 밥을 먹고 살 수 있었던 것은 모두 우리 부모님 덕분이라는 걸 사회생활을 하면서야 가슴 깊이 느꼈다.

나는 가난을 경험해보지 않았다. 대기업 회사원인 아버지와 가정주부인 어머니 밑에서 사랑을 받고 자란 장녀였다. 나의 부모님은 내가 먹고 싶은 것, 사고 싶은 것은 최대한 모두 주시려고 노력하셨다. 그래서 어려서부터 모자란 것 없이 자랄 수 있었다. 부모님께는 항상 감사하고 내가 받은 것만큼 드리고 싶어도 그 정도가 되지 않을 것이라는 것을 안다.

책을 읽으며 가난을 극복하고 크게 성공한 사람들의 이야기를 많이 접했다. 그들은 빚을 지고 가족들과 떨어져야 했고, 몸과 정신이 모두 피폐해진 경험을 들려주었다. 『30억 빚을 진 내가 살아가는 이유』를 쓴 박종혁 작가는 실제로 30억을 빚지고도 모두 스스로의 힘으로 갚아나가고 있다. 나는 그의 삶에 경외심을 느낀다. 누구든지 그런 압박을 받으면 피하고 싶고 극단적인 생각을 할 수 있을 것이다. 돈이란 것은 잘못 다루는 순간 그렇게 무서운 존재가 된다. 그런데 그는 절대 포기하지 않았다.

오히려 시련을 변형된 축복이라 여기고 딛고 일어났다. 박종혁 작가는 아직 5억의 빚이 남았다. 그런데 사람들이 묻는다고 한다. 벌써 빚을 다 갚았느냐고. 그만큼 표정도 좋고 에너지가 넘친다. 빚을 진 사람의 얼굴로는 보이지 않는다. "나에게 돈을 빌려준 상대방에 대한 예의가 아니다."라고 힘차게 말하며 오늘도 돈을 벌기 위해 전국을 누비고 있다.

2020년 현재, 주변에 빚이 없는 사람을 찾기가 힘들다. 그 정도로 우리는 모두 빚을 져서 집을 사고, 차를 사고, 대학을 가고, 생활을 하는 사람들이 많다. 그런데 누군가는 빚에 집중하여 숨을 못 쉰다. 그리고 누군가는 앞으로 나아갈 생각, 돈 벌 생각을 하며 끊임없이 노력한다. 도대체 무엇이 차이를 만드는 것일까.

나는 모든 시작은 의식이라고 본다. 돈에 대한 의식이 그대로 현실에 나타난다. 내가 돈 없이도 살아도 된다고 생각하고 돈을 천시하는 태도를 가지고 있다면 돈은 나를 피해 간다. 내가 아닌 자신을 귀중하게 대해주는 사람에게로 모두 가버린다. 부자들은 계속 부가 따라오고, 가난한 사람들은 계속 가난이 따라오는 이유가 바로 여기 있다.

돈의 굴레에서 벗어나고 싶다면, 돈에 대한 의식을 바꿔야 한다. 돈은 우리에게 축복이다. 내가 원하는 순간, 원하는 만큼 일할 수 있도록 해주고, 기회를 더 많이 잡을 수 있도록 도와준다. 그런데 반대로 돈 때문에 힘들다고 생각하면 반드시 그렇게 된다. 돈이 나의 족쇄가 되는 것이다.

누구든지 돈을 벌기 위해서 투자를 시작한다. 주식 투자든 부동산 투자든 투자의 목적은 돈을 불리는 것이다. 그런데 의식은 계속 가난한 사람의 마인드를 가지고 있으니 투자를 시작한다고 해도 돈을 벌기가 어렵다. 운 좋게 한번 투자로 돈을 번다고 해도 그것은 운에 지나지 않는다. 특히 초심자의 행운은 오히려 더 무섭다.

『백만장자 시크릿』에서 이 말을 가장 깊이 와닿게 설명해주고 있다. 사람들은 각자 부의 자동온도조절장치를 가지고 있다. 그래서 자신에게 맞는 온도만큼만 부가 흘러온다. 아무리 많은 돈이 내게 오고 싶어도 나의 온도계에 맞지 않는다면 나를 스쳐지나갈 뿐이다.

의식을 키우고, 투자를 시작한다면 돈의 굴레에서 벗어날 수 있다. 내가 하는 투자를 투기로 만드는 건 의식이 따라오지 못하기 때문이다. 투자자들은 사실상 가장 현실에 충실하며 하루를 바쁘게 사는 사람들이다. 그래서 자신이 하고 있는 일뿐 아니라 투자에서도 성공을 거둔 사람들이 많다. 쉽게 돈방석에 앉고자 하는 사람들은 투자를 하지 않는다. 복권을 살 뿐이다. 그리고 아무런 노력 없이 대박이 나기만을 기다린다. 그렇게 기다린 시간이 평생이다.

이미 가졌다고 생각한다면 집착하지 않게 된다. 되는 방법만 생각하게 된다. 나는 주식 투자를 하면서 내가 알게 된 방법은 모두 시도해보았다. 그리고 어떻게 하면 수익을 지킬 수 있을지를 생각하게 됐다. 주식으로 한순간에 크게 돈을 버는 것에 집착하지 말고, 내가 한 방법이 맞는지 틀렸는지를 알아내려고 하면 된다. 10번 중에 7번 이상 맞는다면, 그 방법을 반복하여 투자하면 된다.

주식 투자를 통해 돈의 굴레에서 자유로워져라. 노동을 통해서만 돈을 벌려고 하지 말라. 죄책감을 가지지 말라. 자본 수익을 얻기 위한 노력을 통해 얻은 수익 또한 값지다. 게다가 그 수익은 당신을 더 자유롭게, 그리고 행복하게 살 수 있도록 돕는 가장 큰 지원군이다.

4
아르바이트보다 못한
치킨집 사장님

"오늘도 우리 집 외식은 삼둥이 치킨집이다!"

어느 날부터인가 우리 집 외식은 계속 치킨집으로 바뀌었다. 그건 우리 아빠의 친구 분이 동네에 치킨집을 차리면서부터였다. 제약회사를 다니던 김씨 아저씨는 다니던 직장을 그만두고, 퇴직금으로 치킨집을 차리셨다.

처음 오픈했을 때는 장사도 잘되고, 아내가 도와주어 금방 돈을 벌 수 있을 것 같았다. 그렇지만 아내가 몸이 아프고 나서, 혼자서 가게 일을 해야 했던 아저씨는 치킨을 튀기는 일을 계속 하시다가 어깨에 큰 무리가 왔다. 결국 어쩔 수 없이 1년 만에 가게를 정리하셨다. 프랜차이즈 가맹 비용에 인테리어 비용까지 초기 비용이 많이 들어갔지만 결국 손해를 보고 가게를 정리하신 것이다.

　회사 생활을 하다가 사회로 나오면 마땅히 할 것이 없어 창업을 하는 경우가 많다. 하지만 창업 비용은 대부분 빚을 지거나 평생을 모아서 생긴 퇴직금인 경우가 많다. 예를 들어 치킨집 하나를 차리려고 해도 창업 비용이 2억 원은 든다. 심지어 인기가 좋은 큰 브랜드의 프랜차이즈는 4억 원이 넘는 비용이 든다. 그렇지만 자영업 10곳 중 8곳이 문을 닫는 상황에서 아무런 준비도 없이 창업에 무작정 뛰어드는 것은 위험천만한 일이다.

　직장에 다니며 다른 현금 흐름을 만들어두었다면 어땠을까? 그렇게 조급하게 창업을 시작하진 않을 것이다. 직장에 다니며 노동으로만 소득을 얻는 법을 배웠으니, 직장을 나와서도 노동으로 돈을 벌려고 한다. 하지만 젊었을 때 주식을 시작했다면, 꾸준한 자본소득을 누릴 수 있었을 것이다.

　외국인들이 우리나라에 와서 한국의 가게들은 24시간 여는 곳이 많다며, 한국의 밤을 부러워한다. 실제로 우리나라는 편의점뿐 아니라 식당들도 밤늦게까지 여는 곳이 많다. 이 점은 내가 잠시 미국에 살 때 정말 크게 느꼈다. 미국은 밤이 되면 밖에 나가기가 무서웠고, 열려 있는 상점을 찾기가 어려웠다. 저녁시간이 되면 대부분 문을 빠르게 닫았다.

지금은 우리나라도 24시간 운영하던 많은 가게들이 점차 운영 시간을 단축하고 있기는 하다. 그것이 일과 삶의 균형을 위한 것이라면 좋겠다. 하지만 현실은 경기가 좋지 않은 데다 직원들의 시급을 챙겨주고 나면 남는 것이 없어서 어쩔 수 없는 선택인 경우가 많다.

내가 처음 일하던 지점은 상업지구라고 불리는 곳이었다. 그곳은 7호선 라인이 있는 역을 따라서 가게 상권들이 들어서 있었다. 점심시간에 잠시 나가 밥을 먹으려고 둘러보아도 항상 가게 한 곳을 비우고 새로운 가게가 들어서는 일이 일상적으로 보였다.

그런 장면을 볼 때면 '또 야?'라는 생각이 들게 했다. 생긴 지 몇 개월 되지 않은 곳도 바로 문을 닫는 경우도 비일비재했다. 그들은 상가 권리금과 인테리어 비용까지 떠안아야 했으며, 가게가 나가지 않으면 월세까지 계속 내야 한다. 평생을 힘들게 번 큰 자금을 단 몇 개월 만에 잃는 것이다.

창업 실패로 인한 후유증은 생각보다 심각하다. 특히 한 가정의 가장이 모든 자금을 끌어와, 준비 없이 창업을 하는 경우 가족이 모두 고통을 겪는다. 사업은 초기 자금이 많이 필요하므로, 대부분이 빚을 져서 사업을 시작한다. 그런데 처음 하는 사업이다 보니, 초기에 시행착오가 계속 발생한다. 장밋빛 환상은 온데간데없고 혹독한 현실을 마주한 창업자들은 대부분 버티다, 재정적, 심리적 압박감에 상처를 남기고 정리를 하는 경우가 많다.

우리나라처럼 영토가 작은 나라에서는 한 창업 아이템이 유행을 하면 빠르게 같은 업종의 창업자 수가 늘어난다. 그리고 곧이어 유행이 지나고 나면 곧바로 레드오션이 된다. 계속해서 인구가 늘어나고, 땅이 넓은 나라에서는 계속해서 비슷한 가게들이 생겨날 수 있다. 하지만 우리나라는 한 집 건너 한 집에 비슷한 업종의 가게들이 즐비하다.

내가 운영하고 있는 〈한국주식투자코칭협회〉의 수업을 듣는 수강생 A는 남편의 사업 실패로 가족들이 모두 큰 고통을 겪었다. 그녀는 고등학교를 졸업 후 미싱을 하며 회사를 다니다 남편을 만나 전업주부로만 오랜 기간을 생활했다. 집으로 채권자들이 찾아와 문을 두드리는 나날을 보내며, 밤에 잠을 자는 것도 무서워했던 그녀는 먹고 살기 위해 일터에 나갈 수밖에 없는 상황이었다. 지금은 상황이 예전보다 나아졌지만, 부에 대한 열망을 그때부터 가지게 되었다고 했다. 돈이 없어서 불행했던 경험을 하고 나니 정신이 번뜩 들었다고 한다.

평생 투자는 위험하다 생각하고 관심을 가지지 않았던 많은 사람들이 이제는 투자의 필요성을 절실히 느끼는 시대가 왔다. 30년 동안 진행된 자산 증식 속도를 보며, 먼저 투자한 사람들을 부러워하고 있다. 그런데도 두려움 때문에 본인은 실행하지 못하고 있는 사람들도 많다. 궁지에 내몰려서 하는 창업은 겁 없이 도전하면서, 작은 소액으로라도 투자할 수 있는 시기에는 거들떠보지도 않는 것이다.

내가 생각하는 성공에 이르는 길은 계단이다. 원하는 목표를 설정하고 그곳에 도달하였을 때의 감정과 기분을 그대로 가지고, 한걸음씩 나아가는 것이다. 그래서 꿈이 있고, 목표가 있는 사람들은 성취감을 느끼며 원하던 곳까지 도달한다. 그렇기에 당장 현실에 가장 충실한 삶을 살아간다. 한걸음씩 스스로 딛고 올라가야 하는 계단은 거들떠보지 않고, 당장 현실에서는 아무런 훈련도 되어 있지 않는데 어떻게 창업에 성공할 수 있을까.

투자라고 하면 사람들은 대박을 꿈꾼다. 우리나라가 빠르게 성장하면서, 대박 신화를 이룬 사람들을 보면서 내가 하면 똑같이 그렇게 될 수 있을 거란 희망을 가지고 큰 금액을 모아 시작한다. 투자를 시작할 때가 가장 초보 단계인데 가장 큰 금액으로 시작하니, 돈을 잃고 투자 시장을 떠나는 투자자들이 대부분인 것이다.

최저 시급이 오르고 나서 아르바이트생을 쓸 수도 없는 사장님들의 한숨 소리가 깊어졌다. 창업을 해서 사장이라는 말을 듣는 순간부터 고민의 연속이다. 한 달 매출액으로 월세를 내고, 대출 이자를 갚고 나면 아르바이트생보다 못한 수익으로 고된 노동의 길이 끝이 없어 보인다. 빛 좋은 개살구가 되어버린 창업자들은 오늘도 마지못해 힘겹게 가게 문을 열고 있다.

정말 말 그대로 아르바이트생의 처지가 더 나을 지경이다. 이러니 한국에서는 사업을 하면 안 되고, 도전을 하면 안 된다는 인식이 팽배해진다. 그렇지만 은퇴 후 가지고 있는 기술은 없고, 퇴직 자금이 덩그러니 있으니, 많은 사람들이 마지못해 마지막 용기를 내어 창업을 한다. 특히 프랜차이즈의 덫에 많이 걸린다. 프랜차이즈를 시작하면, 회사에서 대부분의 음식을 만드는 레시피나, 방법을 훈련시켜주니, 혼자서 시작하는 것보다는 나을 것이라는 기대 때문이다. 그렇지만 많은 프렌차이즈 가맹점주들의 이야기를 들으면, 계약 내용을 위반하거나, 강제적인 인테리어 비용으로 고통을 겪는 경우도 많다. 결국 덫에 걸린 창업주들은 마지못해 오늘도 가게 문을 열고 있다.

인생은 선택이다. 막다른 곳에 가서 하는 선택은 좋은 결과를 가져오지 못한다. 현재 당신이 여유가 있고, 생각할 수 있을 때 선택해야 올바른 길로 갈 수 있다. 직장인들일수록 인생 2막, 은퇴를 미리미리 준비해야 하는 이유다.

5
가족의 안전망으로
주식 투자를 시작하라

올해 나는 서울역에서 사랑의 빨간 밥차와 함께하는 노숙인들을 위한
새해 떡국 나눔 행사에 참여했다. 작가들이 1년 동안 함께 모은 성금을
전달하는 날이었다. 13번 출구에 위치한 따스한 채움터가 있는 거리와
맞은편 K생명 본사가 위치한 거리는 극명하게 상반된 분위를 풍겼다. 그
곳에 서서 나는 얼마나 많은 생각을 했는지 모르겠다. 누군가는 밥 한끼
를 먹기 위해 쌀쌀하고 불편한 그곳에서 굶주리며 기다림의 시간을 가지
고 있었고, 누군가는 정장을 입고 스타벅스에서 여유롭게 커피를 즐기고
있었다.

돈이 가른 신분은 우리나라뿐 아니라 전 세계가 공통적으로 겪고 있는 현상이다. 돈이 많은 사람들은 계속해서 부가 늘어나고, 없는 사람들은 계속 누군가의 보살핌 속에서 하루를 연명하고 있다. 그중에 분명 사회 속에서 자신의 힘으로 재기하고 싶어 하는 사람들도 있을 것이다. 다양한 이유로 그곳에 온 사람들의 사연을 모두 알 수는 없지만, 사람은 누구나 자신이 이루고자 하는 꿈이 있고, 목표가 있다면 그것을 이룰 힘이 있다. 남 탓, 사회 탓 하지 말고 되는 방법을 끊임없이 생각해야 한다.

가난은 임금도 구제하지 못한다고 했다. 가난을 극복하는 것은 누군가가 대신해 줄 수 있는 일이 아니다. 의식을 바꿔주는 것이 가장 큰 해결책이다. 가난을 끌어당기고 가난만을 이야기하는 사람들에게 부에 대해 이야기해주고 방향을 바꾸어가도록 동기부여를 해주어야 한다.

1946년에 나온 흑백영화 〈멋진 인생〉은 한 지역과, 나라에서 금융이 해주어야 할 역할을 제대로 보여주고 있다. 한번쯤 보면 삶을 돌아볼 수 있는 영화이다.

영화의 주인공 조지는 작은 마을에서 아버지로부터 마을 은행을 물려받는다. 하지만 마을에 들어선 대형 은행 사장인 포터는 거대 자본으로 마을의 금융업을 독차지하기 위해 조지를 위험에 빠뜨린다. 대량 인출

사태로 조지의 은행이 파산 위기에 처하자 자살을 하려 한다. 하지만 조지의 앞에 천사가 나타난다. 자신이 없는 마을의 미래가 눈앞에 보인다. 마을에서 성실하게 작은 가게를 운영하던 자영업자들이 망하고 대부분의 마을사람들이 가난으로 삶이 피폐해지는 것이다. 정신을 차리고 다시 마을에 소금융을 지켜낸 조지를 통해 마을사람들은 안정적인 금융을 이용해 사업을 하고 자신의 삶을 더 풍족하게 살아간다.

금융은 성장을 도와주는 발판이 된다. 은행에서 일하던 나도 처음에는 대출에 대해 안 좋은 인식이 있었다. 어려서부터 빚은 나쁜 것이라고 들어왔기 때문이다. 하지만 제대로 사용하면 사업의 발전과 자기 발전을 위해 대출은 내 삶을 도약시켜 주는 레버리지가 될 수 있다. 과도한 대출이나 소비를 위한 대출이 아닌 성장을 위한 발판으로 금융을 이용하는 것이다.

고등학교 시절 우연히 본 다큐멘터리에서도 같은 이야기를 하고 있었다. 내용은 아프리카 대륙에 있는 한 국가의 작은 은행 이야기였다. 아프리카라고 하면 가난한 이미지를 떠올리고, 후원을 바란다는 후원 광고 속의 이미지가 먼저 떠오르던 시절, 그 다큐멘터리로 인해 내 잠재의식 속에 금융에 대한 좋은 이미지가 생겼다.

사람들이 모두 누군가가 아무 이유 없이 주는 후원금보다, 스스로 농사를 짓고, 일을 할 수 있도록 자본금을 저리로 대출해주는 착한 은행을 이용하면서, 목표가 생기고 가난을 훨씬 더 빨리 극복할 수 있었다는 이야기였다. 희미하게 기억하는 그 영상 속에서 '아, 진짜 구원은 저런 것이구나.'라고 생각했다.

부자들은 자산에 집중한다. 자본 유입을 늘려주는 자산에 집중하여 생각한다. 재무 시간에 배운 자산은 부채와 자본의 합이었다. 그러니 부채를 안 좋게 생각하던 나에게 재무 시간은 참 이해하기 어려운 시간이었다. 그런데 주식 투자를 시작하고 나서야 알았다. 진짜 부자들은 자산이 부채와 자본의 합이라는 것을 제대로 이해하고 있었다.

주식 투자는 월급을 받는 직장인이나, 창업을 한 자영업자들에게 자본 수익을 늘릴 수 있는 레버리지 도구가 된다. 주식은 복리로 늘어나는 자산이다. 단리와 복리의 차이는 시간이 갈수록 커진다.

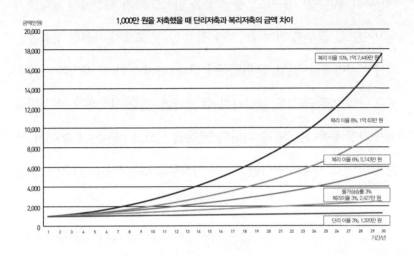

복리와 단리 차이 그래프

이처럼 복리의 효과를 이해하고 빠르게 주식 투자를 시작한 투자자는 안정적인 연금을 스스로 만들 수 있다. 워런 버핏이 자신의 자산은 50대 이후에 90% 이상 형성이 되었다는 말을 한 이유가 바로 이러한 주식의 복리 효과 때문이다. 오늘 넣어 내일 오를 종목만 찾아 헤매는 주식 투자 자들은 이러한 주식의 복리 수익을 제대로 누릴 수 없다.

시장에 항상 참여해 있으면서 수익을 지키고, 늘리는 방법으로 투자를 해야 한다. 그러기 위해서는 호흡을 길게 가지고 투자할 줄 아는 투자 마인드를 가지고 있어야 한다.

아무리 좋은 강의를 듣고, 좋은 책을 읽어도 투자 시장에서 제대로 투자 마인드를 갖추고 지켜나가기란 쉽지 않다. 오로지 자신의 경험을 통해서만 길러질 수 있고, 훈련되어야 한다. 하지만 한 번 시작한 주식 투자로 나와 가족의 삶을 향상시킬 수 있다면, 당장 시작해야 할 것이다. 내가 가장 좋아하는 책 중 하나인 『배움을 돈으로 바꾸는 기술』에서, '언젠가'와 '바로 지금'의 커다란 차이를 말해주고 있는 부분이 다음에 있다.

"며칠 전에 고등학교 동창회에 참석했습니다. 50대가 다 되어가는 연배이기에 모두들 완전한 아저씨들이었지요. 졸업하고 30년이 되어가는 지금, 우리들의 사회적 지위와 수입에는 놀랄만치 커다란 격차가 존재합니다. 그 차이는 어디에서 생겨나는 것일까요? 어디에서 결정되는 걸까요? 분명히 말할 수 있는 것은, 학창 시절의 성적이 결정적인 단서는 아니라는 사실입니다. 그 차이를 발생시키는 것은 행동력이라고 봅니다. '언젠가는 하고 싶어.'가 아니라 '바로 지금 해야지.'라는 마음가짐이 중요합니다. 매 순간을 그렇게 지속해온 사람이 40대, 50대가 되었을 때 학창 시절에 성적이 우수했던 사람을 훨씬 뛰어넘어 큰 성공을 손에 거머쥐게 되는 것입니다."

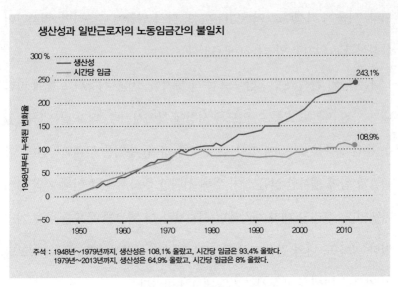

생산성과 일반근로자의 노동임금간의 불일치

주석 : 1948년~1979년까지, 생산성은 108.1% 올랐고, 시간당 임금은 93.4% 올랐다.
1979년~2013년까지, 생산성은 64.9% 올랐고, 시간당 임금은 8% 올랐다.

생산성과 임금의 변화 비교표

위의 그래프에서 보면 기업 생산성은 기술의 발달과 거대 자본의 증가에 따라 끊임없이 상승한다. 그에 비해 임금 상승율은 1979년 이후 매우 미미해졌다. 〈2017 세계 부의 보고서 보스톤 컨설팅〉에 따르면 부의 51%가 자본이득에서 발생했기 때문이다.

내가 주식 투자를 결심한 날 나는 바로 모바일로 비대면 계좌를 개설했다. 어떻게 해서든 방법을 알아내서 시장에 무조건 먼저 참여한 다음 생각했다. 처음 하는 투자였고, 그때의 내가 없다면 지금의 나도 없을 것이다. 나중에 하겠다고 미루었다면, 또 다시 월급에 만족하며, 저축만이 살길이라고 외치고 있었을지 모르겠다.

　나는 나의 가족의 안전망으로 주식 투자를 한다. 시장의 흐름에 따라 내가 가진 자본도 흐를 수 있도록 시장에 참여시킨다. 내가 일을 하고 있는 순간에, 자본도 함께 일할 수 있도록 하여, 수익을 극대화시킨다. 가족들과 함께 행복한 삶을 살기 위해 선택한 주식 투자로 인해 나의 삶이 바뀌었다. 그리고 내가 생각했던 시기보다 더 빠르게 목표를 향해 가고 있다. 당신도 나와 같은 재벌이 아닌 평범한 사람이라면 지금이라도 당장 가족을 위해 주식 투자를 시작해보길 바란다.

6
투자하는 김대리와
저축만 하는 김과장

　시대가 변했다. 여러 방면에서 이야기해볼 수 있지만, 돈의 가치에 대한 측면에서도 시대는 변했다. 금리는 쉽게 말해 돈의 가치다. 산업이 성장하던 70~80년대의 금리는 무려 20%가 넘어갔다. 기업들이 모두 은행에서 돈을 대출하여, 설비 투자를 하여 생산품을 계속 늘리던 시기였기 때문이다. 그래서 은행에서 예금자들의 돈은 귀한 취급을 받았다. 높은 금리를 받고 저축을 할 수 있었던 것이다.

　지금 우리나라의 기준 금리는 한국은행이 0.50%p(2020.5.28. 기준)로

지정했다. 한국은행은 금리를 결정하고, 화폐를 발행하며 나라 경제에 돈을 공급하는 역할을 한다. 그렇다면 국가는 화폐를 발행할 때 화폐 발행량을 어떻게 정할까 생각해보아야 한다.

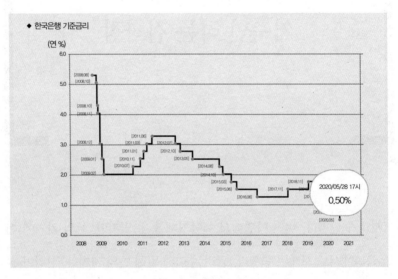

출처: 한국은행, 기준 금리 표

내가 다니는 은행에서 연금 상품을 팔면서, 내 아버지의 연금도 우리 은행에 가입되어 있는 것을 알았다. 그래서 더 자세히 보고, 노후를 맡겨도 될 상품인지 고민하게 되었다. 개인연금 공제 상품은 10년 동안 불입하여 비과세 혜택을 주고, 연간 400만 원까지 세금을 돌려받을 수 있는 장점이 있었다. 당시 최저 금리 2~3% 사이의 금리를 약속하고, 변동 금리로 기준 금리가 올라가면 연금 수령액이 늘어나는 구조였다. 다만 해가 갈수록 최저 금리 약정 조건이 계속 내려가고 있었다. 그리고 초기 사업 비용이 생각보다 컸다. 결국 지금 당장 불입하는 금액을 미래에 받는다고 생각했을 때, 현금의 가치가 가장 높은 때에 불입하여, 낮아진 때에 돌려받아야 하는 구조인 것이었다. 내 눈에는 세금을 돌려받는다는 혜택만 좋아보였다.

회사에 들어온 지 3년이 지났을 때쯤 나와 비슷한 시기에 입사한 동기들이 모두 비슷한 시기에 결혼을 했다. 결혼에서 가장 큰 장벽은 역시 내 집 마련이다. 집을 사기 위해 필요한 돈은 정말 내가 평생 벌어서 마련할 수 있을지 의문스러운 금액이다. 금액이 크다 보니 전세 자금 대출을 받아 신혼을 시작하는 경우가 많았다. 전세를 사는 동안 집값은 또 치솟아 올라가고, 저축만으로 돈을 모아 내 집 마련을 하려고 했던 나와 나이가 비슷한 세대의 사람들은 평생 저축해서 '정말 내 집을 살 수 있을까?' 하는 의문을 가지며 점점 더 내 집 마련의 꿈이 멀어져 간다.

나는 직장을 나올 때 과감히 내가 불입한 연금을 해지했다. 사실 거의 모든 보험을 해지했다. 보험 매니저로 활동하면서 상당히 많은 보험을 불입하고 있었던 터라, 들어간 돈에서 거의 돌려받지 못한 채 해지하는 것이 처음에는 아깝다는 생각이 들었다. 하지만 이미 지급한 매몰 비용보다는 앞으로 들어갈 돈에 대한 수익률을 따져 보아야 한다고 생각했다. 실비보험을 제외한 모든 보험을 정리하고 나니 다달이 투자할 수 있는 자금이 훨씬 더 늘어났다.

현금의 가치는 언제가 가장 높을까? 단연코 바로 '지금'이다. 현금의 미래가치는 현재보다 낮다. 한국은행은 안정적인 경제활동을 위해 계속해서 돈을 찍어야 한다. 위기가 올 때마다 양적 완화라는 말이 자주 들려온다. 양적 완화는 현금을 풀어 경기를 부양하려는 중앙은행의 정책이다. 우리가 생각하는 지금의 돈은 모두 신용 화폐다. 대부분의 나라가 정부에 속한 중앙은행이 돈을 찍어 내는 권리를 가지고 있다.

그렇지만 미국의 중앙은행인 연방준비은행(이하 연준)은 정부 소속이 아니다. 6개의 대형 은행이 만든 민간 은행이다. 연준이 찍어내는 달러는 전 세계를 돈다. 기축 통화인 달러는 화폐로 전 세계에서 쓰일 수 있으며, 안전 자산으로의 가치도 인정받고 있다. 그러니 미국의 최대 수출품은 달러라는 말이 나오는 것이다.

우리나라만 중앙은행이 돈을 푸는 것일까? 그것은 아니다. 전 세계가 비슷한 시기에 돈을 푼다. 언제부터 시중에 풀린 돈의 양이 많아졌는지 그 시점을 거슬러 올라가보면 1970년대에 급격한 변화가 있었음을 알 수 있다. 그렇다면 1970년대에는 어떤 일이 일어난 것일까?

그 이유는 달러와 연관이 깊다. 달러가 기축 통화가 된 1944년에 2차 세계대전 이후 미국은 브레튼 우즈 체제에서 달러가 기축 통화로 쓰이는 지위를 인정받게 되었다. 달러 역시 초기에는 이전의 기축 통화였던 파운드화와 같이 금 본위제 화폐였다. 1달러를 가지고 있으면 금 35온스와 바꿀 수 있는 금 보관증과 같은 역할이었다. 하지만 미국이 베트남 전쟁에 들어간 비용을 메꾸기 위해 달러를 가지고 있는 금의 양보다 훨씬 더 많이 발행을 하였고, 이것을 알아챈 많은 나라들이 미국에게 달러를 금으로 교환해달라고 요구했다. 이에 미국의 닉슨 대통령은 더 이상 미국은 달러를 금으로 바꿔주지 않겠다는 선언을 한다.

그런데 왜 아직도 달러가 기축 통화로 쓰일 수 있는 것일까? 당시 재무부 장관이었던 헨리 키신저는 달러와 금의 관계가 끊어지자 사우디아라비아로 가서 협약을 맺는다. 사우디아라비아가 오일을 수출할 때 결제화폐로 달러를 받는 대신, 미국은 사우디아라비아를 군사, 경제적으로 돕기로 한 것이다. 이렇게 달러는 70년대부터 금이 아닌 오일과 연결되었다. 미국의 연준은 금을 가지고 있는 만큼만 달러를 찍는 것이 아니라, 전 세계가 오일이 필요한 만큼 달러를 계속 찍어낼 수 있게 된 것이다.

전 세계의 산업화가 진행되며 오일의 수요는 계속 늘었고, 미국 입장에서는 달러가 전 세계를 돌도록 달러를 계속 찍어내면 되었다. 그렇게 돈의 양은 늘어났고, 늘어난 돈은 반대편에 있는 자산을 불리기 시작했다. 보이지 않는 금융 자산과 실물 자산까지 모두 급격한 속도로 가격이 올라갔다. 그러니 70년 대 이후 많은 사람들이 부동산 신화, 주식 신화를 보면서 대박을 꿈꾸며 아무것도 모르면서 가격의 정점에 올라타는 경우가 많았던 것이다.

투자를 정식 공부처럼 꾸준히 해온 사람들은 결국 자본소득의 상승기를 같이 타고 갈 수 있다. 투자는 나 몰라라 한 채 오로지 노동으로만 돈을 벌려고 한 대부분의 사람들은 은퇴시기가 오면 불안해진다. 우리가 겪는 많은 불안 요소가 사실 돈 때문에 생긴다. 가정불화도 돈 때문에 생기는 경우가 많다. 그러니 돈이 없을수록, 투자를 더 목숨 걸고 익혀야 한다.

나는 신입 사원 때부터 주식 투자를 시작했다. 내가 가지고 있는 돈을 계속해서 시장에서 굴리며 더 나은 방향으로 나아갔다. 저축만 하며 안도하지 않았다. 투자를 한다는 것은 내 삶을 포기하지 않고 원하는 삶을 살겠다는 의지였다. 누군가는 그저 돈만 많으면 아무것도 안 하고 게으른 생활을 할 것이라 생각하지만, 오히려 계속해서 부가 쌓이는 사람들의 대부분은 성장을 위해 더 끊임없이 노력한다. 부가 흘러들어오는 방법을 투자를 통해 배우고, 계속해서 도전하기 때문이다. 꿈 없는 과장으로 살기보다 꿈이 있는 사원으로 살자. 그리고 오늘도 나는 대한민국 직장인들에게 투자를 권한다.

7
직장인에게 ETF 투자는
필수다

    직장에서 업무를 하는 동안은 아무 생각을 할 수가 없다. 몸도 정신도 오로지 일을 위해 움직여야 한다. 야근이 많은 곳은 잠자는 시간을 빼고는 삶이 온통 회사일로 가득하다. 그렇게 회사를 위해, 회사에 의해, 회사를 위한 직장인이 된다. 수년 간 일을 하며 쌓아온 경험과 노하우는 우리가 회사를 나오고 나서도 도움이 된다. 하지만 그렇지 못한 경우도 있고, 활용하지 못하는 사람도 많다.

    나는 직장에 다니면서 반드시 자신의 삶, 자신의 꿈을 가지고 있어야 한다고 생각한다. 그렇지 않으면 정말 흘러가는 대로 살게 될 것이기 때문이다. 끊임없이 쏟아지는 업무에 내가 무엇을 하는지도 모르면서 일만 하는 기계로 살다가 회사 밖으로 나오면 차디찬 사회를 맞이하게 될 수 있다.

이직을 위해 다시 적성 공부를 한다는 회사 동기가 있었다. 동기는 수리가 약하다면서 걱정을 했고, 나는 그를 보면서 다른 회사를 간다고 해도 지금 같은 상황이 안 벌어질까 의문이었다. 동기가 가장 회사에서 힘들어했던 부분이 상사의 업무 지시가 불합리하다는 것이었다. 회사를 다니는 한 인간관계와 업무 압박은 당연히 있을 수밖에 없다. 그런데도 계속 다른 회사를 찾아 헤매는 동기를 보며 나는 다른 답을 찾아 나섰다.

회사 다니면서 언제 그렇게 투자를 하냐고 물을 수 있다. 하지만 주식 투자는 시간이 없는 직장인도 소액으로 시작할 수 있는 최적의 투자 방법이다. 주식 투자를 하기로 마음먹었다면 당장 증권사 어플을 깔아보자. 비대면 계좌를 개설하고, 장이 열려 있는 평일에 주식을 매매하면 된다. 당연히 업무시간에 자주 쳐다보는 매매를 할 수는 없다. 오히려 나는 그 점이 강점이라고 생각한다. 잦은 매매를 좋아하는 주체는 투자자가 아니라 증권사이다. 증권사의 수수료 수익만 늘려주는 경우가 많기 때문이다.

미리 매매할 주식 종목과 비중을 정해두고, 점심시간에 잠시 매매하면 단 5분 만에 끝난다. 그런데도 시간이 없어서, 바빠서 투자할 수 없다는 것은 사실 변명이다. 투자를 하며 배운 것은 실행한 사람과 실행하지 않은 사람의 차이만 있을 뿐이라는 사실이었다.

처음 주식 투자를 시작하는 것이라면, 직장에 다니는 동안 투자를 해야 한다. 안정적인 월급을 받으면서 투자를 할 때 두려움과 욕심을 이겨낼 수 있기 때문이다. 주식에서 수익이 나는 구조를 한 문장으로 표현하면 '싸게 사서 비싸게 파는 것'이다. 그런데 많은 개인 투자자들이 반대로 비쌀 때 사서 싸게 파는 매매를 반복한다. 누가 봐도 비상식적인 매매를 너무나 많은 개인 투자자들이 반복해서 하고 있다. 왜 그렇게 하느냐고 물을 수 있지만 자신의 돈이 들어가면, 욕심과 두려움 때문에 그렇게 되는 것이다.

오전에 빨간불이 깜박이면서 들어오면 한참 주식 가격이 비싸져 있을 때 욕심을 부려 사고 싶어진다. 그래서 해서는 안 될 신용과 미수를 써서 가진 돈보다 많은 주식을 산다. 그러고 나서 오후가 되면 거래량이 줄고 주가가 내려가면서 두려움에 주식을 파는 것이다.

처음 주식을 했을 때 가장 알고 싶은 사실은 언제 사고, 언제 팔아야 하는 것인지 매매 타이밍을 아는 것이었다. 그래서 항상 주식 창을 보고 싶었다. 내 주식이 지금 올랐는지 떨어졌는지 보고 있어야 마음이 편했다. 그러다 보니 주식을 감정적으로 계속 매매하게 되었다. 특히 이런 두려움과 욕심이 가장 커질 때가 있었는데, 앞서 말한 신용과 미수를 써서 내가 가진 금액보다 더 많은 돈이 들어가 있을 때였다.

나는 주식을 통해 돈을 벌었던 수많은 사람들 이야기 중 제시 리버모어의 이야기가 가장 충격이었다. 제시 리버모어는 전설적인 투자자 중 추세 매매의 창시자라 불렸다. 그가 성공할 수 있었던 이유는 시장 흐름을 읽는 뛰어난 감각 때문이었다. 1929년 대공황 속에서 그는 1억 달러의 수익을 벌었다. 모두가 매수하고 있던 시기, 추세의 전환을 예측한 것이다. 열세 살 어린 나이에 주식을 시작하여 스무 살 1만 달러의 수익을 올리는 수완을 가지고 있었다. 그는 시장이 전환되는 타이밍을 잡고 수익을 크게 늘렸다. 하지만 그의 엄청난 성공은 끝까지 지켜지지 못했다. 전재산을 건 베팅을 하는 그의 투자 성격 때문에 결국에는 파산한 것이다.

과감한 베팅은 엄청난 부를 가져오기도 하지만, 결국 파산을 가져오기도 한다. 처음 주식을 하면, 무조건 한 번에 대박이 나기를 바란다. 그래서 모든 것을 걸고 하는 경우가 많다. 나 또한 욕심이 많아지자, 정신 놓고 선물을 샀다. 그리고 결국 값비싼 수업료로 절대 그 방법은 나를 부자로 만들어주지 않는다는 사실을 알았다. 천천히 가더라도 올바른 길로 가야 한다. 원칙을 놓지 말고 가야 끝까지 수익을 내는 주식 투자를 할 수 있다.

많은 투자자들이 크게 데이면서도 주식 투자를 하면 안정적인 투자 방법보다 위험성 높은 투자를 한다. 수익률에 눈이 멀어 손실률은 보이지 않는다. 고위험 펀드에 가입을 할 때 직원은 친절하게 수익률을 강조하여 설명해준다. 하지만 손실이 나서 나중에 찾아가 따져도 돌아오는 대답은 고위험 고수익이니 손실이 나도 그만큼 위험할 수 있다는 것이다. 마음 아프지만 손실은 그 사실을 알면서도 가입한 투자자들의 몫이다.

내가 ETF 투자를 택한 이유는 최대한 손실을 줄여, 중위험 중수익 정도의 수익률을 올리고 싶었기 때문이었다. 주식 수익의 복리 수익 그래프를 보면서 꾸준히 수익을 계속 복리로 취할 수만 있다면, 나의 노후를 주식이 반드시 책임져줄 수 있을 것이라 판단했다. 그리고 지금 당장 나는 계속 돈을 벌 수 있는 능력이 있으므로, 말도 안 되는 수익률을 쫓아가는 투자법이 아닌 이성적으로 투자하기로 마음먹었기 때문이다.

직장인들에게 ETF를 권하는 이유는 ETF가 투자자에게 가장 착한 금융 상품이기 때문이다. 직장인들이 주식 투자를 처음 시작할 때 큰 금액으로 시작하지 못한다. 그러니 분산투자를 하고 싶어도 개별 종목들을 모두 담을 돈도 부족하다. ETF는 이미 운용사가 각 기업들을 주머니처럼 만들어 다시 주식시장에서 사고팔도록 만들어주었다. 그래서 시장에서 외면 받은 기업이 알아서 관리가 된다. 또 분산투자를 하기 가장 적합한 상품으로서 소액으로도 바로 시작할 수가 있다.

ETF는 수수료 또한 0.1~0.65% 정도로 일반 펀드가 2%가 넘어가는 수수료를 받는 것에 비해 굉장히 저렴하다. 그러니 증권사들이 처음에 마케팅을 하고 싶지 않았을 수 있다. 수수료 수익이 줄어드니, 수익이 큰 펀드를 고객들이 가입하는 것이 더 유리하기 때문이다. 수수료뿐 아니라 비용적인 측면에서 ETF는 세금 혜택도 있다. 국내 시장 ETF는 아예 세금이 면제가 되니, ETF 만큼 주식 투자자에게 착한 상품도 없을 것이다.

지금 사회에 나가 열심히 돈을 벌고 있다면, 당신은 투자가 선택이던 시대에 태어난 세대가 아니다. 투자가 필수가 된 세상에서 살고 있다. OECD 노인 빈곤율 1위의 대한민국에서 직장에 다니는 것만으로는 기본적인 생활조차 힘들다. 이대로 노후를 걱정만 해서는 안 된다. 두려움은 실행을 하면 바로 사라진다. 현실을 바르게 쳐다보고, 정면 돌파해야 한다. 나의 재정적인 문제는 피한다고 해결되지 않는다. 그러니 망설이지 말고 지금 바로 주식 투자를 시작해야 한다.

Exchange
Traded
Fund

2장

왜 내가 사면
떨어지고
팔면 오를까

1
왜 내가 사면 떨어지고
팔면 오를까

주식의 바닥과 꼭지를 알 수 있는 사람은 없다. 그런데 이상하게 내가 주식을 사면 마치 계속 올라갈 것 같은 기대감이 생긴다. 현실은 항상 추락의 공포를 못 이겨 결국 손해를 보고 판다. 아무런 확신이 없이 스스로 판단할 수 없을 때 주식을 하게 되면 감정 매매를 하게 된다.

주가가 올라가면 나를 두고 갈까 봐 급하게 사게 되고, 샀던 가격보다 하락하면 아무런 확신이 없으니 두려움에 파는 것이 당연하다. 그렇게 주식으로 상처를 입은 사람들이 대부분이다. 손실을 입은 다음 아예 포기해버리거나, 쳐다보지도 말아야겠다 결심한 사람들도 많다. 나는 손실을 최대한 줄이고 수익을 계속 지킬 수 있는 방법이 무엇인가를 고민했다. 보통은 주식으로 돈을 벌려고 할 때 말도 안 되는 수익률을 내려고 한다. 처음 주식을 할 때 그 인식을 바꾸는 데 오랜 시간이 걸렸다.

투자를 오랫동안 잘한 사람들도 1년 평균 15~30%의 수익률이면 훌륭하다고 한다. 그런데 우리나라의 주식 방송을 보고 있으면 100%, 200% 수익을 이야기하고 있다. 원금보다 몇 배의 수익을 단기간에 내겠다는 허황된 욕심이 끊임없이 함정을 만든다.

확신을 가지고 투자를 하기 위해서는 공부를 해야 한다. 처음에는 다른 사람의 말을 들으면서 투자를 하지만 결국 사고파는 판단은 스스로 내린다. 자신이 가지고 있는 확신이 없이는 투자로 돈을 벌 수 없다. 경기 사이클은 항상 오르내리기 마련이기 때문이다. 큰 방향을 보면 우상향하는 그림이다. 그렇지만 단기적으로는 오르내리는 파동이 있다. 올라갈 때 살 경우 내려가는 파도를 그대로 맞다가 깜짝 놀라 포기해버리기 쉽다. 투자자들은 항상 이런 경기의 파도를 겪으면서 경험을 통해 투자 감각을 익힌다. 그런데 아무런 경험도 없이 처음부터 가장 큰 목돈을 투자하여 조금이라도 떨어지면 조마조마하면서 투자를 하는 개인 투자자들이 너무나 많다.

오늘도 나는 내가 생각하는 대로 투자를 하고, 가격이 오르내리는 것을 보고 있다. 그런데 예전 같았으면 사자마자 떨어지면 무서워서 팔아버렸을 일이 지금은 어느 정도 견디면 다시 사이클이 돌 거라는 확신을 가지고 투자하게 되었다. 단타를 하는 사람들은 빠른 손절이 중요하다고 한다. 하지만 나는 단타가 아닌 경기 변동에 따라 투자를 하는 ETF 투자자다. 그러니 경기가 바뀌어서 떨어지는 게 아니라면 어느 정도 인내를 해야 함을 알고 있다. 처음부터 알았던 것이 아니다. 투자 시장에서 다치고, 다시 도전하면서 배운 것이다. 내 감정에 대한 반응은 누구도 대신해 줄 수가 없다.

최근에 나는 댄스 학원에 다니면서 운동을 하고 있다. 매주 월요일, 수요일, 금요일이면 신나는 음악에 춤을 추고, 땀을 흘린다. 어렸을 때부터 춤을 잘 추고 싶었지만, 몸이 따라 주지 않아 내 리듬감에 실망할 때가 많았다. 학교를 다니면서 들어갔던 댄스 동아리에서 나는 내가 상상한 것처럼 따라주지 않는 몸을 보면서 이내 실망하고 빨리 포기했다. 하지만 워낙 음악과 춤을 좋아해서 항상 배우려는 의지는 있었다. 매번 처음 갔을 때 한 달 정도만 다니고 그만 두었지만 말이다. 그런데 이번에는 좀 다르다는 생각이 들었다.

그동안은 '내가 춤을 추는 것에 소질이 없으니 해도 안 될거야.'라는 생각으로 다녔었던 것 같다. 그런데 요즘은 학원에서 가장 잘 따라 한다며 앞에 나가 댄스 학원 선생님 없이 앞장서서 춤을 추고 있다. 이렇게 발전할 수 있었던 것은 그동안 조금씩이라도 쌓아온 경험도 한몫했을 것이고, 자신감도 생겼기 때문이다.

외운 대로 동작을 하면 춤도 멋있어 보이지 않는다. 내가 음악을 듣고 그것을 표현해낼 줄 알아야 한다. 처음부터 잘하는 신동들도 있겠지만 나는 정말 평범한 운동 신경을 가지고 있었기에 반복 훈련밖에는 방법이 없었다. 그런데 조금씩 춤을 즐길 수 있을 만큼 출 수 있게 된 후로는 댄스 학원을 가는 시간이 항상 기다려졌다. 내가 춤 실력을 키우는 것은 누구도 대신해줄 수 있는 일이 아니었다.

투자를 하는 것도 똑같다. 내가 투자를 즐길 수 있는 수준까지 가려면 반복된 훈련과 경험이 쌓여야 한다. 그런데 이상하게 투자에 대해서는 배우려고 하지 않고, 기대려고만 하는 경향이 강하다. 누군가 전문가가 대신해주기를 원한다. 춤을 대신 춰달라고 하면서 내가 춤을 잘 추는 사람이 되길 바라는 욕심과 같은 경우이다. 내 돈을 나보다 더 소중하게 열심히 굴려줄 사람은 없다. 오히려 누군가를 거쳐서 관리를 하게 되면 수수료가 더 들어간다. 지금도 많은 투자자들이 자신은 손해를 보면서도,

금융 투자 회사의 수익을 올려주고 있다.

말이 가지고 있는 에너지는 정말 크다. 내가 내뱉는 한마디의 말에 담긴 에너지는 파장을 가지고 있다. 주식 투자를 하면서 이룰 수 있는 현실적인 목표를 세워야 한다. 주식으로 1년에 15%의 수익을 보겠다고 생각하자. 은행의 1년 정기예금 금리 2% 대에 비해 훌륭한 수익률이다. 그런데 주식 투자라고 하면 무조건 빠르게 몇 배를 벌어야 한다고 생각하니, 잘못된 판단을 계속 내린다.

이성적인 생각은 하지 않고 달콤한 유혹에 빠져, 말도 안 되는 광고에 계속 넘어간다. 워런 버핏이 주식 투자자로 가장 유명한 이유는 주식 투자의 복리 수익을 보았기 때문이다. 워런 버핏은 50대 이후에 투자로 번 돈이 90% 이상이라고 했다.

경제 뉴스에 올해 가장 주식으로 수익을 많이 낸 사람이 병원에 누워 있던 삼성전자의 이건희 회장이라는 뉴스 기사를 들은 적이 있을 것이다. 이렇게 주식은 시간이 흐르면서 복리로 수익을 내기 때문에 최고 높은 수익률을 지킨 사람들은 매일매일 주식을 사고 판 사람들이 아니다.

내가 주식을 사면 떨어지고, 팔면 오르는 이유는 간단하다. 감정 매매를 했기 때문이다. 주식이 오르내리는 이유도 모르고 그저 가격이 움직이는 대로 감정에 따라 매매를 하면 반드시 손실이 난다. 차라리 불편할 때 주식을 사서 모두가 환호할 때 주식을 파는 것이 오히려 수익이 날 확률이 더 높다. 알면 알수록 주식에서 수익을 내서 지킬 확률이 높다는 것을 기억하자.

2

일확천금을 목표로 하는
허황된 꿈을 버려라

최근에 『더 해빙The Having』이라는 책을 감명 깊게 보았다. 300쪽이 넘는 책 내용 안에서 주인공이 한 귀인을 만나며 깨달음을 얻고 부자가 되기 위해 한걸음씩 나아가는 내용이었다. 가지고 있는 것을 있는 그대로 느끼며 감사하는 마음을 가지고, 그것에서부터 시작하는 것이 중요하다는 요점이었다.

주인공이 만난 귀인은 많은 부자들이 찾아가 조언을 구하는 사람이었다. 그래서 수많은 부자들이 가지고 있는 공통점과 해결 방안을 가지고 있었다. 다음은 감명 깊게 읽었던 책 내용 중 일부이다.

검색 결과 가장 최근에 실린 인터뷰에서 서윤은 미소를 반짝이며 이렇게 말하고 있었다. "수만 명의 데이터를 종합해서 그 비밀을 분석해보니 답은 하나로 통하고 있었어요." 하지만 그 답이 무엇인지 적혀 있지는 않았다. 드디어 부자들의 비밀이 밝혀진 것일까? 마음이 급해졌다.

…

"답은 Having이죠." "지금 가지고 있음을 느끼는 것, 단어 그대로예요." "세상에는 정말 많은 돈이 있답니다. 물에 손을 담그면 시원한 감촉을 느낄 수 있듯 우리도 얼마든지 돈을 누리고 풍요를 느낄 수 있어요. 그것이 Having, 우리 안의 힘이죠. 그리고 Having은 자연스럽게 더 많은 부를 향해 흘러갈 수 있도록 해주죠."

주식 투자를 하면서 가장 큰 적은 내 안에 있다. 바로 있음을 느끼면서 시작하는 것이 아닌, 없음을 더 강하게 느끼고 있다는 것이 문제였다. 내가 가지고 있는 돈이 100만 원이든 1,000만 원이든 1억이 없고, 10억이 없음을 더 강하게 느끼기 때문에 위험하고 투기적인 요소가 강한 투자에만 끌리는 것이다.

최근 코로나-19 바이러스가 2월 경 우리나라에 확진자 수가 600명이 넘었다는 이야기가 들려왔을 때 한 주의 끝인 금요일에 나에게 전화가

한 통 왔다. 내 유튜브를 보고 연락을 주었던 분이었는데, 자신이 이번에 코스피가 바닥인 것 같아 큰돈을 주식을 사는 데 썼다는 것이었다. 나는 그분의 이야기를 듣자마자, 절대로 그렇게 해서는 안 되는 것이었음을 말씀드렸다. 누구든지 지금 내가 사는 순간이 바닥인 것 같고, 더 이상 떨어질 것 같지 않은 생각으로 투자를 한다.

개인 투자자들이 주식을 사는 순간 드는 생각들은 모두 비슷하다. 내가 주식을 사면 운 좋게 거기서부터 계속 올라가는 상상을 하며 사는 것이다. 그러나 그 이후 확진자 수가 급속도로 늘면서 끊임없이 주식은 더 크게 추락했다. 심지어 18년 6개월 만에 코스피에 서킷 브레이커가 걸렸다. 서킷 브레이커는 시장이 8% 이상 하락 시 1차적으로 장이 멈추는 시장 안정화 장치이다.

개인 투자자들은 주식을 살 때 시장이 가장 하락한 발바닥에서 사서 머리 꼭대기에서 팔고 싶어 한다. 하지만 '무릎에서 사서 어깨에서 팔라'는 말처럼 바닥을 확인하고 사는 것을 원칙으로 해야 한다. 가파르게 떨어지고 있는 시기에 살 것이 아니라, 정확히 바닥을 찍고 턴어라운드 하는 것을 보고 들어가도 늦지 않다. 나는 이번 코로나 사태에서 가장 큰 바닥 신호는 3월에 이루어진 통화스왑이었다고 생각했다. 2008년 금융 위기 때도 통화스왑 이후 안정세를 찾아갔었고, 달러 공급이 충분히 이루어지면 시장은 안정세를 찾기 때문이다.

시장이 하락할 때 개인 투자자들은 끝없이 주식시장은 하락할 것 같은 공포를 느낀다. 그런데 신기하게도 시장이 상승할 때는 또 끝없이 상승할 것 같이 투자를 한다. 주식은 파동이다. 주식시장은 위 아래로 흔들리면서 계속 우상향을 한다. 끝없이 떨어지지도 않고, 끝없이 오르지도 않는다는 사실을 알아야 한다. 그러니 개인 투자자들이 안정적으로 투자를 하기 위해서는 분할 매수를 해야 한다는 사실을 알 수 있다.

주식 투자를 처음 시작할 때 목돈이 있어야 시작할 수 있다는 생각을 가진 사람들이 많다. 돈을 모으거나, 갑자기 돈이 크게 생기면 그때서야 주식 투자를 한번 해볼까 생각한다. 그런데 문제는 처음 주식을 할 때가 가장 초보이면서 돈이 많다는 것이다. 아무것도 모르는데 돈만 많으면 잃을 확률이 훨씬 더 크고 위험하다. 그래서 나는 주식 투자를 시작하려는 사람들에게 반드시 말하고 싶다. 한 달에 적은 돈으로 꾸준히 투자를 해보면서 시장을 충분히 경험해봐야 한다고 말이다. 내가 주식을 처음 시작하고 나서부터 매번 시장을 통해 배우는 것은 나의 욕심과 두려움이 잔고에 그대로 나타난다는 사실이었다. 그런데 이런 욕심이나 두려움은 주식시장에 들어가는 돈이 커지면 커질수록 더욱 강해졌다.

그러니 초보자가 처음부터 큰돈으로 주식시장에 들어갔다가 수익이 나면 그것이 더 위험하다. 운 좋게 한번 수익이 나면 더 큰 욕심이 생겨서 더 많은 돈이 들어갈 것이고 그럴 때 주식시장은 매서운 파도가 친다. 작은 파동에도 들어간 돈이 크니, 본인이 느끼기엔 너무나 두려운 것이다. 결국 손실을 보고 나와서 다시 손실을 메꾸기 위해 더 위험한 투자를 찾아 나서기 시작한다.

주식시장은 정말 다양한 방법으로 투자하는 사람들이 많다. 그런데 어떠한 방법으로 투자하든지 돈을 버는 사람은 소수이고, 잃는 사람이 대부분이다. 그런데도 이런 저런 방법을 헤매며 계속 같은 실수를 반복한다. 결국에는 자신의 큰 과욕이 불러오는 화라는 것을 깨닫고, 주식시장은 파동으로 움직인다는 것을 깨닫게 되면 이성적인 투자를 할 수 있는데도 그렇게 몇 번을 당하고 나서 쉽게 포기해버린다.

내가 처음 주식 투자를 했을 때가 딱 그랬다. 시장 상승기에 투자를 하다 보니, 투자하는 것마다 수익이 잘 났다. 초보임에도 불구하고 꾸준한 수익이 나자, 정말 내가 책에서 공부하고, 얼핏 들은 지식들로 시장을 이길 수 있을 거라고 확신했다. 그렇게 나는 내가 가진 돈보다 더 많은 돈으로 투자를 하기 위해 신용을 써서 매수를 했다. 당시 POSCO 주식은 정말로 계속 상승하고 있었고, 내가 신용을 쓰지만 않았다면 꾸준히 수익이 났을 것이다. 그런데 나는 욕심을 냈다. 더 빨리 돈을 벌어서 이 감옥 같은 직장을 나가고 싶었다.

그래서 오전 9시 창구에서 일을 시작하기 직전 신용으로 5,000만 원상당의 POSCO 주식을 샀고, 창구에 앉아 일을 시작했다. 하지만 내 머릿속에는 오로지 주식 생각뿐이었다. 너무 무서웠다. '내가 이렇게 일을 하는 동안 혹시라도 심한 하락이 오면 어떡하지?'라는 생각 때문에 앞의 손님에게 집중을 할 수가 없었다. 결국 나는 앞의 남자 손님이 가자마자 화장실로 뛰어갔고, 겨우 1% 하락에도 내 손실액은 100만 원이나 찍혀 있었다. 손실률은 적더라도 들어간 돈이 크니 손실 금액이 크게 왔다갔다하는 것을 보고 나는 이렇게는 도저히 일을 할 수가 없겠다는 생각이 들었다. 그래서 바로 정리를 하고 그날 점심을 비싼 100만 원짜리 점심을 먹었다고 생각했다. 그리고 모든 신용 거래를 정지시켰다. 이후 절대로 신용은 건드리면 안 되는 것임을 교훈으로 깨달은 사건이었다.

주식시장에서 알게 된 것은 무엇이든 해보고 나서야 알게 된 것이 많다. 그렇게 시장에 허우적거리며 당하면서 참 많은 사실을 깨달았다. 그렇지만 그 모든 일들이 하나로 통했다. 주식 투자에서 가장 중요한 것은 내가 가지고 있는 것을 소중히 여기며, '있음'의 마인드로 시작해야 반드시 승리한다는 것이었다. 내가 그동안 해온 모든 행동의 의식은 '없음'에서 시작했음을 깨닫고 나니 정말 마음이 개운했다. 그동안 내가 왜 그렇게 많은 시행착오를 겪으면서 힘이 들었는지 모든 의문이 풀리는 순간이었다.

투자를 시작하는 모든 개인 투자자들은 다 같은 마음으로 시작할 것이다. 특히 한국에서 주식을 한다는 것은 더 그럴 수 있다. 빠른 성장으로 주식시장이 급격하게 성장하는 것을 보고, 부동산으로 돈 벌었다는 대박 이야기를 들은 사람들이 모두 너 나 할 것 없이 대박을 노리며 투자를 시작하기 때문이다.

목표가 일확천금이니, 내가 가지고 있는 것은 하잘 것 없어 보인다. 그렇게 내가 가진 것이 없다는 생각은 계속해서 없음의 상태를 끌어온다. 내가 그동안 가난한 마인드와 의식으로 주식 투자를 했으니, 주식으로 가난해지는 길을 갈 수밖에 없었던 것이다. 그러나 모든 부의 원천은 이미 그것을 가졌음에서 시작하는 것, 감사하는 마음을 가지는 것이 진짜 근본임을 알고 나서, 나는 급해지지 않았다. 어차피 나는 성공한 투자자이고, 이미 모든 것을 가진 사람이니, 과정 안에서 성장하며 더 많은 것을 이룰 수 있음을 깨달았기 때문이다.

오늘도 나는 아침에 일어나 따뜻한 침대에서 아침을 맞이하고, 깨끗한

물로 샤워를 할 수 있음에 감사한다. 내가 돈이 있기 때문에 모든 것을 누릴 수 있음에 감사하다. 세상은 내가 원하는 것을 마음껏 누리는 무대이며, 주식을 통해 나는 더욱 더 성장하고 있다. 그러니 마음 급할 일이 무엇이 있는가. 매일 순간순간을 가장 행복하게 사는 투자자로, 가진 것에 감사하는 투자자로 시작하자. 그 '있음'의 마인드와 상태가 당신을 더욱더 풍요로운 곳으로 이끌어줄 것이다.

3
투자에 있어서
최대의 적은 자신이다

　내 돈이 들어가는 투자를 하는 순간 이성이 마비가 된다. 아니라는 것을 알면서도 제발 내가 산 주식만은 올라가 주기를 간절히 기도한다. 기도하면서 하는 투자는 투자가 아니라 도박이다. 매일 주가의 움직임을 쳐다보고 있으면 이성적으로 판단하기보다는 가격의 움직임에 따라 판단을 내릴 수 있다. 아예 보지 말라는 이야기가 아니라 굳이 하루 종일 매달려 있을 필요가 없다는 것이다.

　투자를 하면서 숲을 보는 연습을 하지 않으면 오로지 나무에만 집중을 해서 투자를 하게 된다. 작은 것에 집중하다가 큰 흐름을 놓쳐버린다. 주식은 쪼개서 보았을 때의 단기적인 흐름과 크게 보았을 때 장기적인 흐름이 부딪히는 경우가 많다. 그럴 때 떨어지는 칼날을 잡는 단기적인 투자를 할 것인지, 작은 것은 견디면서 큰 흐름을 보며 투자를 할 것인지는 자신의 성향에 따라 방향을 제대로 정해야 한다.

바다를 항해하는 배의 항해사는 바다의 흐름을 보면서 조종한다. 자신이 가야 하는 방향을 정해두고 계속 어느 위치에 자신이 있는지를 판단한다. 우리가 투자의 바다에서 자신의 배를 조종하는 투자자라고 생각해보자. 목적지도 없이 표류하는 배가 되는 방법은 쉽다. 조종 실력도 없고, 목적지도 모르고, 바다의 흐름도 볼 줄 모르면 된다.

내 돈이 들어간 시점이 어떤 시기인지를 아는가? 나의 투자 실력은 어느 정도인가? 목적지를 정해두었나? 정말 아무것도 모르겠다면, 주식을 시작하는 사람들이 꼭 해야 할 첫 번째 행동은 훈련이다. 내가 적은 돈으로 주식에 돈을 넣어두고 관찰하는 것이다. 그것만으로도 남들보다 훨씬 더 빠르게 가고 있다고 말할 수 있다. 왜냐하면 남들은 가진 돈 전부를 걸고 처음부터 무모한 투자로 많은 돈을 잃고 시작하기 때문이다. 그런데 나는 일단 가진 돈을 지키면서 투자를 시작했으니 얼마나 빠르게 앞서가고 있는 것인가.

고등학교 1학년 때 나와 가장 친했던 친구도 한글 이름을 가지고 있었다. 우리는 항상 같이 공부를 하고, 시험이 끝나면 친구들과 같이 맛있는 음식을 먹고 노래방도 가고 즐거운 일상을 보냈다. 그 친구는 정말 수업을 열심히 들었다. 수업 시간에 항상 앞쪽에 앉아 선생님 말씀을 하나라도 더 적고, 수업에 적극적으로 참여했다. 같이 공부를 하면 서로 의지가 되는 친구였다. 내가 그 친구를 존경했던 것은 쉬는 시간이나, 남들이 보고 있지 않을 때도 꾸준히 열심히 하는 모습이었다.

성적이 잘 나오지 않았을 때도 친구는 항상 한결같은 모습으로 공부를 했다. 한번은 성적표가 나오고 나서 어울리던 친구들과 이야기를 할 때 그 친구가 공부하는 것에 비해 성적이 잘 나오지 않는 것을 보고 걱정 어린 조언들을 하는 것을 보았다. 하지만 내 친구는 실망하는 모습보다는 더 나아질 수 있다는 희망을 가지고 있는 것처럼 보였다. 그리고 지금 그 친구는 꿈꾸던 대로 병설유치원에서 아이들을 가르치는 선생님으로 행복한 가정을 꾸리고 살고 있다.

친구에게는 꿈이 있었다. 유치원 선생님이라는 꿈을 가지고 자신이 어떠한 상황에 있든 그 꿈을 이룰 수 있는 존재라고 굳게 믿고 있었다. 그러니 흔들리지 않은 것이다. 성장을 할 때 반드시 찾아오는 저항에는 2가지 저항이 있다. 외부의 저항과 내부의 저항. 외부의 저항은 내가 무엇인가를 이루고자 할 때 주변 사람들의 걱정과 조언들이다. 나를 아낀다는 명목하에 사람들은 모두 자신이 가지고 있는 생각을 부정적인 방향으로 꺼내놓는다.

　가령 내가 연예인의 꿈을 가지고 있다고 해보자. 그러면 우선 친한 친구들이 말할 것이다. "야, 세상에 예쁘고 멋진 연예인들이 엄청 많은데 평범한 네가 어떻게 연예인을 해?" 말로는 나를 위한 걱정처럼 포장하지만 결국 나에 대한 한계를 규정짓는 것이다. 사실 친구들 말은 그냥 흘려버리면 된다. 그러나 우리의 가장 가까운 가족들이야말로 넘어야 할 장애물일 때가 정말 많다. 내가 무엇인가를 하려고 하면 항상 가장 많은 걱정을 하는 사람들은 가족들이기 때문이다. 그렇다고 한들 외부의 저항은 모두 내가 수용하지 않으면 해결할 수 있다.

　두 번째 내면의 저항에서 싸워야 할 적은 바로 나 자신이다. 내가 규정하는 한계는 정말로 강력한 저항이다. 그렇기 때문에 스스로의 한계를 만들어버린 사람에게 어떠한 말로 용기를 주고, 팁을 주어도 벗어날 수 없다. 자신이 스스로 그 한계를 만든 사람이기 때문이다.

　주식 투자를 하면서 개인 투자자들을 일컫는 말 중에 가장 흔하게 들리는 말은 '개미 투자자'이다. 이 말은 신문이나, 인터넷 기사에서도 자주 볼 수 있다. 스스로 개미 투자자라고 생각한다면 이 말 자체가 한계를 만들어버리는 말이다. 기관이나, 외국인 투자자들도 투자를 하며 장단점을 모두 가지고 있다. 개인 투자자들은 각자 서로 다른 생각으로 투자를 하기 때문에 시장 안에서 힘을 발휘할 수는 없다. 하지만 장점은, 투자를 스스로의 판단으로 하기 때문에 시장에 들어가 있거나 빠지는 순간들을 정할 수 있다는 것이다.

스스로 한계를 만든 투자자들은 당연히 원하는 수익을 얻을 수 없다. 이미 자신은 패자라고 인식을 하면서 게임을 하는데 어떤 게임에서든 이길 확률이 높을 리가 없기 때문이다. 나는 투자를 하는 것도, 삶을 사는 것도 모두 내가 만들어가는 게임이나 영화라고 생각한다. 많은 사람들이 자신을 누군가에 의해 움직이는 인형인 것처럼 생각하면서 산다. 그렇기 때문에 정말 그런 삶을 산다. '생각하는 대로 살지 않으면, 사는 대로 생각하게 된다.'라는 명언이 유명해진 것도 그때문일 것이다.

너무나 많은 사람들이 생각은 하지 않은 채 그저 흘러가는 대로 주어진 일만 해놓으면서 살다 보니, 정말 자신이 원하는 삶은 들여다보지 못한다. 꿈도 없고 목적도 없이 그저 흘러가는 대로 떠다닌다. 바다에서 아무런 계획 없이 떠다니면 어디로 흘러가게 될까? 알 수 없는 쓰레기들이 잔뜩 모인 섬이나, 태평양 한 가운데쯤일까? 정말로 내가 원하는 삶을 살기 위해서는 나 자신을 들여다보아야 한다. 최근에 이 문장의 맨 앞 부분이 '용기를 내어 생각하는 대로 살지 않으면'이라는 사실을 알았다. 당신도 이제는 용기를 내어 실행해야 할 때이다.

투자를 하는 것 또한 똑같다. 내가 원하는 버킷리스트와 목표를 가지고 있어야 하고, 그 목표를 이루는 도구로 투자를 활용해야 한다. 투자는 강력한 도구이지 목적이 아니다. 누구든지 투자로 인해 더 나은 삶을 살 수 있다. 그런데 사람들은 투자에서 중요한 알맹이는 보지 않고 오로지 화려한 수익률만을 찾아다닌다.

투자를 시작하기 전에 빈 종이를 꺼내서 한 번 적어보았으면 한다. 당신에게 돈도 시간도 충분하다면 정말로 하고 싶은 것은 무엇인가. 지금 당장 생각나는 것을 모두 적어보자.

- 나는 햇살이 비치는 따뜻한 거실에서 마음껏 책을 보고 있다.
- 나는 푸르른 자연이 느껴지는 정원에서 가족들과 함께 모여 담소를 나누며 맛있는 음식을 먹고 있다.
- 나는 투자 동기부여가로, 더 나은 삶을 꿈꾸는 사람들과 돈 이야기, 성장하는 이야기, 좋은 책 이야기를 나누며 기쁨을 나누고 있다.

이런 것들이 정말 내가 하고 싶고 되고 싶은 것이다. 지금 당장 이 책을 읽는 순간에 5초 내로 생각나는 내 삶의 버킷리스트를 적어야 한다. 그리고 내가 하고 있는 일을 하면서, 그 일로 인해 버는 돈을 묻어두지만 말고, 시장을 통해 더욱 불리길 바란다. 시장의 힘을 통해 내가 원하는 버킷리스트들이 현실이 되도록 만들 수 있다. 투자를 과도한 욕심으로 하는 투기가 아닌 나의 꿈을 위한 동반자로 만들어라. 투자에서 가장 큰 적은 자기 자신이다. 목표도 없이, 떠도는 배처럼 투자하며, 알아서 보물섬에 다다르기를 원하는 욕심만 가득한 나 자신을 제대로 들여다보자.

4
장기적으로 우상향하는
수익 곡선을 가져라

주위를 둘러보면 너나 할 것 없이 모두가 열심히 산다. 그러니, 아침 출근길이 한산한 적이 없고, 꽉 막힌 도로에는 직장으로 가기 위한 사람들이 길에 나와 있다. 출근 시간이 바뀐다고 해서 도로가 한산한 것은 아니다. 새벽부터 오후까지 도로는 정말 꽉 차 있다. 어떤 일을 하는지 사람들은 정말 열심히도 오고가며 돈을 벌기 위해 하루 종일 일로 가득 찬 생활을 한다.

직장인 생활을 하며 출퇴근길은 항상 꽉 막혀 있었고, 나의 삶도 통제를 잃어갔다. 출근을 하면 한 평 남짓한 공간이 나의 공간이었고, 나는 끊임없이 손님을 받으며 그곳에서 벗어날 수가 없었다. 앞에서는 빨리 업무 처리를 해달라며, 손님들이 내 얼굴을 뚫어져라 쳐다보는 기분이었고, 뒤에서는 지점장님이 끊임없이 일을 하라는 무언의 압박을 넣었다. 옆을 보면 동료들도 지쳐 있었고, 누군가가 쉬는 꼴을 보지 못했다. 누군가 손님을 덜 받으면 자신이 더 받아야 한다는 사실을 알기에 우리는 쉼 없이, 번호표를 누르며 일을 해야 했다.

뭐라고 말을 할 수 없는 '불안'은 학창 시절부터 나를 쫓아왔다. 공부를 하고 있지만, 좋은 점수를 받아 좋은 대학을 가야 한다는 '불안', 회사에 취업은 했지만, 노후를 준비해야 한다는 '불안'. 모든 것이 불안에서 시작했던 지난날을 돌아보게 된다. 무엇인가에 쫓기듯이 열심히 했고, 내 몸은 항상 긴장 상태였다. 직장생활을 계속할수록 나는 온몸이 긴장 상태로 너무 오래 지속되고 있다는 것을 알아챘다. 누군가 뒤에서 갑자기 나타나기라도 하면 정말 심장이 철렁 내려앉을 정도로 잘 놀랬다. 그렇게 긴장 상태를 유지하며 버티기엔 무리였는지, 몸이 신호를 보냈다. 온갖 염증에 시달리며, 여러 병원을 다녔다.

이대로 지속하다가는 내가 원하는 삶은커녕, 병만 얻을 것 같다는 생각이 들었다. 그래서 새로운 삶을 살아보기로 선택했다. 직장을 아무런

91

2장_ 왜 내가 사면 떨어지고 팔면 오를까

준비 없이 그만둘 수 없었기 때문에 나는 투자를 선택했다. 그리고 무작정 책을 찾아서 읽었다. 강의를 찾아서 들었다. 그렇게 나는 투자의 세계로 빠져 들어갔다.

주식 투자를 시작했을 때 나는 급격한 상승 곡선을 그릴 수 있는 투자들에 심장이 뛰었다. 한 번에 많은 수익률을 낼 수 있는 투자들만 보였고, 그렇게 투자를 했다. 여러 번 데였지만, 그래도 희망을 가지고 높은 수익을 낼 수 있는 투자들을 찾아다녔다. 그러다가 우연히 읽은 제시 리버모어의 이야기가 나의 투자에 대한 생각을 바꿔주었다. 과감한 투자로 부자가 되기도 했지만 결국 그렇게 투자하는 습관으로 끝이 허망했던 그의 삶을 보면서, 내가 원하는 삶은 그런 삶이 아님을 깨달았다.

그래서 주식으로 운 좋게 돈을 크게 벌더라도 반드시 우상향하는 곡선을 가진 투자 전략이 아니면, 끝이 좋을 수가 없음을 인지해야 한다. 투자를 하면 할수록 가지고 있는 돈이 점점 더 많이 투입이 될 텐데, 그렇게 많은 돈이 투자 시장에 들어가 있는 동안 시장과 반대가 되는 자산을 담거나, 반대가 되는 투자 전략을 구사하게 되면, 떨어지는 칼날을 잡는 것과 같다.

내가 했던 시장과 반대되는 투자 이야기를 해보겠다. 투자를 하다 보니, 주식이 떨어지는 순간을 자꾸 피하고 싶어졌다. 그래서 주식이 떨어지는 시기에 올라가는 주식들을 알게 됐다. 그래서 선택한 투자는 파생 상품인 선물, 옵션, 인버스 ETF 거래이다.

선물은 미래 시점의 시세를 예상해서 거래를 하는 것이다. 선물은 한 계약을 사면 레버리지가 4~5배가 커 더 큰 수익을 올릴 수 있다. 엄청난 레버리지 효과를 가지고 있다. 물론 손실이 나는 경우에도 몇 배의 손실이 발생한다. 그래서 가장 욕심이 커진 순간 선물 거래를 하기 위해 열심히 강의를 수료하고 모의 트레이딩 시간을 수료한 후 거래를 할 수 있었다. 그만큼 위험이 크기 때문에 증권 시장에서 제한을 두는 것이다. 그럼에도 나는 수익 욕심에 겁 없이 뛰어들었다.

선물을 이용하면 시장이 올라갈 것이라 예상을 하면 선물을 매수하고, 떨어질 것이라 예상을 하면 매도를 하는 양방향 거래가 가능했다. 문제는 변동성과 기한이었다. 하루에도 등락이 심하게 움직이는 시장 안에서 나는 엄청난 손익을 보며 놀랐고, 만기가 정해져 있는 선물은 투기성이 강한 투자임을 알았다. 게다가 선물 투자는 손실을 가늠할 수 없이 무제한으로 열려 있다는 사실이 정말 두려웠다.

그래서 투자한 원금까지만 잃는 옵션 거래를 했다. 옵션 거래 또한 하루에도 변동성이 마치 롤러코스터 같다. 콜옵션은 지수가 오르면 오르고, 풋옵션은 지수가 내리면 오른다. 금융 위기에 풋옵션 2만 % 수익이 났다는 기사가 바로 이것이다. 그래서 횡보하는 기간에는 둘 다 손실이 발생한다. 변동성이 클 때만 터지는 것이다. 주식시장에서는 상당 기간이 횡보를 하는 기간이다. 손해를 보지 않으려면 시시 때때로 매매를 해 주어야만 한다.

나는 차트를 계속 보면서 매수, 매도 타이밍을 알려주는 고수가 운영한다는 투자 단톡방에 들어갔다. 그리고 그 사람이 알려주는 대로 매매를 하는 투자자들이 매일 매매 결과를 올렸다. 하지만 나는 도저히 그 순간 매수나 매도를 할 수가 없었다. 업무를 하다가 시간이 났을 때 잔고를 보면 어느 순간 소위 투자자들 용어로 옵션이 '녹아' 있었다. 뜨거운 여름날 아이스크림을 들고 햇빛 아래서 천천히 먹다 보면 아이스크림이 이미 녹아서 양이 줄어든 것이다.

옵션 거래는 회사에 다니면서 투자를 하는 나에게 결국 손실을 주었다. 매 순간 변동성을 잡아야 하기에 차트에서 눈을 뗄 수가 없어 시간도 낭비하고 돈도 잃었다. 투자를 해본 결과 소모적인 투자라는 생각이 들어 옵션은 짧은 시간에 손을 뗐다.

그리고 ETF 상품 중 시장이 하락하면 수익이 나는 인버스 상품을 거래해보았다. 그런데 인버스의 경우 장기로 보면 결국에는 우하향하는 곡선을 그리고, 아주 단기로 상품을 사야 하므로 꾸준히 모으는 상품에서는 제외시켜야 했다.

결국 모든 시장을 거스르는 투자법은 타이밍을 알 수 없는 주식시장 안에서 나의 '불안'을 키우는 투자 방법이라는 것을 시간과 돈을 모두 주고서야 배웠다. 지금까지 시장은 전쟁이 나도, 경제 위기가 와도 모두 회복이 되었고, 결국 길게 보면 모두 상승했다. 그런데 시장이 흔들리는 구간에서 비명을 외치며 도망을 친 사람들은 결국 손실만 보고 끝났다. 나는 내가 감당할 수 있는 만큼 투자하며 시장의 수익을 얻기로 결심했다.

투자를 하며 마음 편한 투자를 해야겠다고 생각했다. 그래서 위기가 오더라도 반드시 회복할 수 있는 투자 방법을 찾아야 했다. 그것은 시장의 회복력을 믿고 함께 가는 것이었다. 금융시장이 생긴 이래로 모든 위기가 온 이후 시장은 항상 이겨냈다. 그래서 시장에 역행하는 투자가 아닌 시장과 정방향으로 움직이는 자산군인 주식과 채권 투자를 ETF를 통해 하기로 마음먹었다.

주식과 채권은 결국 우상향하는 자산들이다. 물가 안정화를 위해 중앙은행에서 끊임없이 돈을 풀면 결국 돈의 가치는 떨어진다. 그러면 반대쪽에 있는 자산들이 올라갈 수밖에 없다. 따라서 나는 시장에 순응하는 투자를 하며 장기적으로 우상향하는 수익 곡선을 내 것으로 만들기로 했다.

현재 가지고 있는 자금을 꾸준히 적립식으로 투자하며, 대부분의 시간을 내가 원하는 일을 하고 있다. 투자 공부를 하는 것도 즐겁고, 투자 시장을 보고 있는 것도 즐겁다. 하지만 변동이 심할 때는 오히려 시장만 보고 있으면 판단력이 흐려진다. 멀리서 바라보며, 내가 정해둔 원칙대로 투자할 뿐이다.

5
가장 위험한 것은
직장만 다니는 나 자신이다

사람은 자신이 바라는 대로 된다. 원하는 모습대로 되고, 이상을 현실로 만드는 힘을 가지고 있다. 그래서 나는 내가 원하는 모습이 무엇인지를 고민했을 때가 가장 내 인생의 변화가 급격하게 왔던 순간이었다. 누군가가 하라고 하는 일이나, 강요된 꿈이 아닌 진정한 나 자신과의 대화를 했던 순간 말이다. 학창 시절과, 사회 초년생이 될 때까지 나는 내가 만든 사회적인 틀 속에 갇혀 있었다.

아버지는 항상 아침밥을 먹을 때면 '일하지 않는 자 먹지도 말라.'라는 말을 자주 하셨다. 그래서 나는 사람은 일을 해야 밥을 먹고 살 수 있다는 사실을 잠재의식 속에 심어두었다. 그리고 회사를 다녀야 사람답게 살 수 있다고 생각하게 되었다. 창업을 한다거나, 사업을 하는 사람들은 위험한 일을 하는 사람들이고, 특히나 투자를 하는 것은 더더욱 위험한 일을 하는 사람들이란 생각을 가지고 있었다.

'돈'을 쓰는 행위에 대한 나의 생각은 우리 부모님에게 영향을 많이 받았다. 그런데 아버지와 어머니의 돈에 대한 생각은 많이 달랐다. 아버지는 항상 돈은 안 쓰고 모아야 행복하다고 했고, 어머니는 가족을 위해 마음껏 돈을 써야 행복하다고 삶에서 보여주셨다. 그 안에서 나는 돈이 생기면 항상 가족이 먼저인 생활을 나도 모르게 초등학교 시절부터 하고 있었다. 세뱃돈을 모아서 항상 어머니에게 드렸다. 그리고 첫 월급을 탔을 때도 어머니에게 드렸다. 그렇게 나는 돈에 대한 관리나, 생각을 오로지 부모님께 맡겨두고 있었다.

내가 내 돈을 제대로 관리하기 시작한 것은 첫 직장을 잡고나서부터였다. 원하던 금융권에 취업한 나는 들어가자마자 했던 일이 내 통장들을 만드는 일이었다. 그래서 나는 선배들이 어떻게 돈 관리를 하는지 보고, 그대로 따라 했다. 출자금 통장을 만들어서, 비과세 혜택을 받으며 배당금을 받고, 적금을 들어서 목돈이 모일 때까지 월급이 들어오면 적금부터 부었다. 그렇게 돈을 차곡차곡 모아서 더 나은 삶을 살겠다고 생각했다. 그래서 부모님 집에서 출퇴근을 하며 최대한 저축이 먼저인 삶을 살았다.

그렇게 1년 정도가 지났을 때쯤 나는 꽤 큰 자금을 모을 수 있었다. 바로 위의 선배들을 보면 다들 열심히 저축을 하고 있었다. 그래서 나도 그 모습을 따라 저축을 하며 부자가 될 날을 그렸다. 그런데 이상한 점을 발견했다. 내가 계속 이 회사에서 정년까지 일을 하게 되면 내 바로 위 선배들이 아닌 한참 선배인 지점장님들의 삶이 내 모습이 될 것이었다. 아니 그 모습보다 더 각박한 현실일 수 있었다. 그래서 지점장님들을 옆에서 보면서 계속 생각해보았다. 어느 누구도 부자라고 할 만한 사람은 없었다. 연봉도 나보다 훨씬 높은데 이상하다는 생각이 들었다. 그리고 매일같이 저축을 해주다 보니, 저축을 하러 오는 사람들과 대화를 하면 자신이 가지고 있는 돈에 대한 충만함보다는 부족함이 더 많이 느껴졌다.

내가 해답을 찾은 것은 대부계 손님들이었다. 그 사람들은 돈을 저축하러 오는 사람들이 아닌 돈을 빌리러 온 사람들이었다. 그런데 겉모습은 더욱 화려했고, 매일 웃으며 행복하게 가족들이 다 같이 와서 여유롭게 이야기를 하다가 나가는 것이 일반적이었다. 이상했다. 내가 그동안 들어온 대로라면 빚을 지는 사람들은 낯빛이 어둡고, 힘든 게 정상이었다. 그리고 빚은 절대로 지면 안 되는 위험한 것이었다. 그러나 현실에서 빚을 지고 사는 사람들은 능력이 있는 사람들이었다.

대출을 받아 자신의 사업을 더 크게 운영해나갈 수 있는 능력을 가진 사람들이었다. 물론 사업자들과 투자자들 모두 빚을 지고서라도 자신이 확신을 가지고 있는 일을 위해 자신감 있게 빚을 졌다. 나는 그 모습이 정말 신기했다. 내가 가지고 있는 신념과는 너무나 다른 삶이었기 때문이다.

물론 아무런 대책 없이 빚을 지고, 성장하고 자산을 늘리기 위한 빚이 아닌 생활을 하기 위한 빚이나, 능력 밖으로 터무니없이 많은 빚을 지는 것은 위험하다. 하지만 많은 기업들과 개인들은 빚을 레버리지의 형태로 사용할 줄 안다. 그들은 자신이 가지고 있는 능력이 더 뛰어나다는 것을 알고 끊임없이 도전한다. 도전하다가 넘어지더라도 언제나 극복할 수 있다고 생각하는 자신감도 가지고 있다.

나는 직장인이었다. 월급을 받아야 안정감을 느끼는 직장인. 그렇기 때문에 당장 아무런 준비도 없이 바로 회사를 나가 사업을 할 수는 없었다. 그렇게 내가 답답함을 느끼고 있을 때 '주식 투자'라는 투자자의 길이 보였다. 투자를 한다는 것은 사업을 한다는 것과 같다. 이미 자신의 사업을 하고 있는 사람들의 기업에 나의 돈을 함께 투자하는 것이기 때문이다. 나는 그래서 투자자의 길을 가보고자 결심했다. 그 안에서 정말 많은 성장을 했고, 그 덕분에 이제는 1인 창업가로 나의 길을 가고 있다.

투자를 하며 배운 것은 도전하고, 성장하는 사람과 기업만이 과실을 얻을 수 있다는 사실이었다. 주식 투자에서는 특히 내가 알지 못하면 손실을 볼 확률이 컸다. 누군가는 주식 투자를 아무런 공부 없이 그저 운으로 하는 도박처럼 여긴다. 그래서 아무런 노력 없이 운 좋게 산 주식이 하늘 높은 줄 모르고 올라가는 그림만 그린다. 하지만 현실은 항상 본전도 못 건지고 주식시장을 떠나는 투자를 한다.

나는 주식을 하면서 살아 있다는 느낌이 들었다. 심지어 내가 투자한 돈들도 마치 생명이 있는 것처럼 느껴졌다. 저축만 했을 때는 내가 정말 원하는 것들을 말할 수가 없었다. 원하는 집은 저축을 해서는 20년이 걸려도 못살 것 같아 보였다. 저축으로는 평생 여유롭게 여행 다니면서 살 수 있는 자금을 모을 수 없을 것 같았다. 그래서 입 밖으로 나의 버킷리스트를 당당하게 말할 수 없었다.

투자를 시작하고, 내가 번 돈을 시장에서 불릴 수 있다는 사실을 알았다. 그리고 나는 당당하게 말한다. '주식 투자를 통해 키운 나의 역량과 수익으로 원하는 삶을 살게 되어 감사합니다.' 그리고 도전하고 싶은 모든 모험들을 주저 없이 나는 실행하며 살겠다. 지금까지 나를 묶어두었던 새장에서 나오니 세상은 넓고, 내가 상상했던 것보다 훨씬 더 자유로웠다. 원하는 모든 것을 할 수 있고, 나에겐 무한한 능력이 있다.

　직장만 다니면서 월급을 아끼고, 타인에게 인색해지고, 지금 가진 것에만 억지로 만족하는 삶은 내가 원하던 삶이 아니었다. 그렇지만 불안감 때문에 모든 것을 포기하고 살았다. 한 달에 한 번 주어진 월급이 주는 달콤함이 직장을 벗어나는 데 가장 큰 걸림돌이었다. 직장인 5년 차가 되었을 때 나의 세전 연봉을 보니 6,400만 원이 찍혀 있었다. 직장에서 주는 돈이 클수록 사람들은 더욱 망설인다. 직장 밖으로 나가면 더 심한 지옥이 기다리고 있을 거라는 막연한 불안함 때문이다.

　그래서 나는 투자를 하면서 계속 나에게도 투자했다. 내가 배우고 싶은 것과 하고 싶은 것들을 끊임없이 찾아 나섰다. 노동으로 인한 파이프라인 말고, 다른 수입의 원천이 있어야지만 내가 이 감옥 같은 직장에서 벗어날 수 있다는 사실을 알고 있었기 때문이다. 그래서 20대의 나에게 가장 중요했던 것은 투자와 자기계발이었다.

　나를 사랑하는 사람들은 말한다. 직장에 다니며 월급 받는 것이 가장 편하고, 안전하다고 말이다. 그래서 도전하고자 하는 마음을 계속 접게 된다. 하지만 직장에 다니고 있는 지금 이 순간 항상 준비하고 있어야 한다. 월급을 받아서, 나에게 투자하고, 자본 시장에 투자하며 제2의 인생을 준비한 사람만이 진정한 삶을 누릴 수 있다. 직장에서 주는 월급에 만족하며, 도전을 포기하면, 언젠가 반드시 찾아오는 은퇴에 더 고달픈 삶이 기다리고 있기 때문이다.

6
나는 소문의 마지막이라고
생각하라

지하철을 타면 사람들은 모두 스마트폰을 보고 있다. 인터넷 검색, SNS, 유튜브 등 수많은 정보를 접하고 있다. 누군가와 소통을 하고 있기도 하고, 뉴스를 보거나, 게임을 하기도 한다. 그런데 요즘은 정말 사람들이 정보를 접하는 속도가 엄청나게 빨라졌다. 전 세계에서 일어나는 일을 모두 같은 시간에 알 수 있다. 그런데 미디어가 전해주는 정보를 접하다 보면, 다른 사람들은 모르는 정보를 나만 알고 있는 것 같은 생각이 들 때가 있다.

특히 주식 투자를 시작하면 정보에 민감해진다. 어떤 이야기를 듣게 되든, 투자할 수 있는 방법이 없을까를 생각하게 된다. 그래서 기업 정보나 특정한 나라에 관한 정보들을 들을 때 주식 투자자들은 자신이 가장 빠르게 알게 된 정보라는 생각에 잘 알아보지도 않고 성급하게 투자를 시작한다.

인터넷 뉴스를 보고 주식 투자를 하는 경우가 가장 위험하다. 요즘은 뉴스를 띄우는 주체가 언론사가 아닌, 기업에서 주장하는 내용을 그대로 받아서 기사로 내주는 경우도 많기 때문이다. 그렇기 때문에 주식을 처음 하는 개인 투자자들일수록 뉴스를 있는 그대로 사실로 받아들이기 전에, 누가 뉴스의 정보를 제공했는지를 파악해야 한다. 그리고 충분한 분석을 거친 후에 투자에 접근해야 한다.

뉴스를 보고 바로 주식 투자를 하는 경우 대부분 주가를 보면 가파르게 상승을 하거나, 급한 상승이 나왔을 경우가 많다. 개별주 같은 경우에는 가장 많이 접하는 소식들이, 회사에서 상품이 개발이 된다거나, 협약을 맺거나, 임상 시험 통과라든지 이런 내용들로 투자자들의 관심을 집중시킨다. 그렇게 개인 투자자들의 관심을 받으면, 투자자들은 너나 할 것 없이 앞 뒤 재지 않고 덤벼든다. 상승 기차가 나를 두고 갈 것 같은 기분에 빠르게 움직이는 호가 창을 보며 정신없이 주식을 사게 된다.

투자라는 것은 처음부터 스스로 확신을 가지고 투자하기가 정말 어렵다. 타인의 말에 의존하게 되고, 확신 없이 투자를 하다 보니, 결국 가격이 흔들릴 때 쉽게 포기하고 매도를 하기 쉽다. 자신이 가지고 있는 생각이 없으니, 가격 자체가 흔들리면 버텨낼 용기도 없는 것이다. 아니면 아예 포기를 하고 주식을 '묻지마' 장기 투자를 하는 경우도 있다. 그것은 주식 투자가 아니다. 장기 투자를 하라고 하는 가치 투자자들 역시 주식의 가격과 가치를 정기적으로 비교해가면서 투자를 한다. 자신이 모르는 기업에 돈을 넣어둔 채 산신령에게 비는 것처럼 투자를 하는 것이 아니다.

나에게 ETF 주식 투자를 배우러 왔던 수강생 중 많은 분들이, 뉴스를 보고 알게 된 상품들을 가지고 물어보는 경우가 많았다. 새로 나온 ETF를 뉴스에서 접하고, 사고 싶은 마음에 물어보는 것이다. 그렇지만 ETF는 새로 나온 ETF일수록 더 신중해야 한다. ETF는 운용사가 만들어 놓은 주식 주머니이다. 그러니 새로운 주머니는 거래량이 적고, 거래량이 적을수록 시장에서 거래되는 것보다는 운용사와 거래를 해야 하는 경우도 많다. 그렇게 되면 시장에서의 적정 가격이 아닌 손해를 보고 거래를 해야 한다. 충분한 거래량이 있는 ETF를 투자해야 시장에서의 적정가로 투자를 할 수 있다.

ETF가 아닌 다른 상품들을 물어보는 경우도 많았다. 해외 주식시장에 상장이 된 신규 상장기업에 투자해도 되는지를 물어보는 사람도 있었는데, 나는 신규 상장주는 더욱 조심해야 한다고 조언했다. 대부분의 주식들이 신규로 상장되었을 때 가격보다 모두 가격이 떨어지거나, 3년 안에 상장 폐지되는 경우도 많기 때문이다. 한 기업과 함께 처음부터 운명을 같이하고 싶다면 모를까, 권하고 싶지 않은 투자였다.

내가 처음으로 다른 사람의 말을 듣고 투자를 하면 손해를 보고 끝난다는 사실을 알게 된 것은 대학교 1학년 때였다. 경영학을 배우는 전공이었던 과 친구들과 함께, 키움 증권의 모의 투자 증권 대회를 나갔다. 주식 투자를 어떻게 해야 하는 것인지도 몰랐던 나는, 새로운 도전을 한다는 생각에 들떠 있었다. 2009년, 처음으로 시장에서 기업의 주가들을 보고 정말 이렇게 싼 가격에 대기업 회사에 투자할 수 있다는 사실이 놀라웠다. 하지만 주가를 봐도, 기업 분석을 봐도 어떤 기업들이 올라갈지 도저히 알 길이 없었다.

선택할 수 있는 방법은 역시 친숙한 기업들의 주식을 사는 방법이었다. 고등학교 때 열심히 메가스터디를 통해 공부했으니, 메가스터디 주식과 함께 아버지가 다니는 자동차 회사의 주식을 샀다. 5,000만 원의 모의 투자금으로 투자를 하는 것이었지만, 나는 꽤 진지하게 투자를 했다. 그리고 정말 신기하게도 평가 잔액이 올라가면서 수익이 나는 것을 보고 즐거웠다.

하루는 학과 컴퓨터실에서 친구들과 함께 어떤 주식을 샀는지 이야기를 했다. 우리 중에 정보가 가장 빨랐던 친구가 이야기했다. 이번에 제약주 주식들이 엄청 올라갈 것이라는 이야기였다. 그리고 그 친구는 가장 유력한 주식이라며 한 제약사 주식을 추천했다. 나는 그동안 내가 투자한 기업들에는 확신이 없어서 조금씩 매수를 하고 있었던 터라, 이번에는 과감하게 투자를 해보기로 결심했다. 그래서 전체 투자금액 5,000만 원의 절반인 2,500만 원으로 그 기업의 주식을 한 번에 매수했다. 그리고 정말 아찔한 수익률을 보았다. 끊임없이 추락하는 주식을 보며, 모의 투자였으니 다행이라고 생각하고 주식과는 인연을 끊었다.

내가 투자를 처음 시작했던 바로 그해 2009년은 주식이 역사적인 상승을 보였던 해다. 2008년의 금융위기를 만회하기 위해, 각국의 중앙정부들이 적극적인 완화 정책을 펼쳤고, 그로 인해 빠르게 금융시장이 회복을 한 해였기 때문이었다. 내가 친구의 말을 듣고 투자하기보다는, 웬만한 대기업들에 투자를 하기로 했거나, 소신을 가지고 투자했다면, 수익을 냈을 확률 높았던 장세였다는 것이다.

시장을 모르고, 투자에 대한 자신만의 경험과 노하우가 없다면 반드시 소액으로 투자를 시작해야 한다. 그렇지 않으면 돈의 단위가 커질수록 감정 매매를 하게 되기 때문이다. 주식시장 안에서 투자자들이 선택할 수 있는 전략은 많다. 하지만 매매를 하는 원칙이 없다면, 어떤 투자의 형태로 하든 감정을 따라 투자를 하게 되는데, 시장에서 감정대로 투자를 하면 대부분이 두 가지 감정에 의해 매수하고 매도를 하게 된다.

욕심이 생기면 주식을 사고, 두려움이 생기면 매도를 하는 것이다. 나는 절대 그렇게 하지 말아야지 하면서도, 사람의 감정은 이성보다 강력해서 내 돈이 들어가는 투자를 하는 순간부터는 그렇게 투자를 하게 된다. 아직까지도 나는 투자를 하면서 가장 어려운 것이 욕심을 참는 것이다. 원칙을 세우고 계속 다시 봐야 하는 이유도 지키기 힘들기 때문이다. 내가 원칙을 세우지 않아도 알아서 잘 투자를 한다면, 굳이 세울 이유도 없다.

주식 투자를 처음 시작했다면, 항상 이 말을 명심하라. 나는 언제나 소문의 마지막이다. 내가 아는 정보는 모든 시장 투자자들이 아는 정보다. 그러니 이 정보를 통해 돈을 벌려고 한다면, 철저한 매매 원칙을 가지고 접근해야 한다. 투자를 시작하면 끊임없이 누군가 나에게만 알려주는 특급 정보라고 유혹을 시작한다. 그렇지만 나는 그 정보의 마지막이라고 생각한다면, 나의 소중한 돈을 지킬 수 있다.

7

오르든 떨어지든
매매 기준을 정하라

시장 타이밍을 알 수 있는 사람이 있을까? 공부를 많이 하고, 오랫동안 투자를 한 투자자들도 시장은 예측할 수 없다고 한다. 펀드 수익률과 시장 수익률을 비교한 그래프를 보면 미국에서든 한국에서든 시장 수익률의 누적 수익률이 항상 뛰어나다. 시장에서 잘나가는 기업들만 담으려고 잦은 매매를 하는 것이 오히려 수익률을 깎아 먹는 것이다.

워런 버핏이 운영했던 마젤란 펀드의 수익률은 가히 기록적이다. 가장 운영이 잘되었던 때에 2년마다 27배가 올랐다. 이런 기록적인 펀드에서 일반 개인 투자자들은 돈을 벌지 못했다. 펀드가 아무리 뛰어난 누적 수익률을 기록해도 사람들은 쉽게 중도에 투자를 포기한다. 시장이 환호할 때 가입했다가 막상 위기가 오면 두려워서 해지를 하는 것이다. 결국 투자에서 타이밍을 잡아서 투자하려고 하는 사람들일수록 투자 시장에서 패배를 맛본다.

해답을 찾기 위해서는 앙드레 코스톨라니, 벤자민 그레이엄, 워런 버핏과 같은 시장에서 오랫동안 살아남은 투자자들의 이야기를 봐야 한다. 투자 시장에서 살아남은 투자자들의 전기를 읽으면, 어떻게 투자를 해야 할지 길이 보인다. 나는 시장 타이밍을 잡는 것보다는 주식시장에서 끝까지 살아남아 자산을 굴려야겠다고 목표를 바꾸었다.

주식은 강하게 오르기도 하지만, 강하게 떨어지기도 한다. 어떨 때는 잘 움직이지 않고 같은 가격대에 오랫동안 머무르기도 한다. 그런 모든 순간에 내가 주식 투자를 할 수 있다면, 투자로 인해 반드시 승리할 수 있다고 생각했다.

주식을 사고 나서 계속 가격이 떨어지면, 나는 내가 사고자 했던 가격보다 저렴해지니 더 담을 수 있어 감사하다. 당연히 주식을 처음 시작했을 때는 타이밍을 잘못 잡았다고 생각하여 포기하고 매도했었다. 그렇게 손실 금액만 커졌었다. 하지만 시장에서 오랫동안 투자로 반드시 복리 수익을 얻겠다는 다짐을 하고 투자를 시작하고 나서부터는 매매 스타일이 변했다.

경기가 위로 갈지 아래로 갈지 아무것도 알 수 없고, 불확실성이 커지면, 나는 적립식으로만 매수를 한다. 꾸준히 주식과 채권의 비중을 맞추어 매수할 뿐이다. 그리고 실제로 주식이 말도 안 되게 가격이 떨어지면, 비중에 따라 적립식 매수를 하고 있다 보니, 100% 주식을 크게 들고 있었던 사람들보다 흔들리지 않고 위기가 와도 내 방식대로 매수를 할 수 있다.

주식 투자로 빠르게 돈을 벌고 싶어서 했던 모든 투자 방법들이 나에겐 시련이었고, 아픔이었다. 하지만 그렇게 투자 시장에서 여기저기 떠돌다 보니, 원칙을 세울 수 있었다. 타인의 고통과 실패를 토대로 전략을 세우면 스스로 지키기가 어렵다. 직접 겪어보지 않았기 때문이다. 하지만 나의 실패와 고통은 한 단계 발전할 수 있는 계기가 된다.

내가 주식에 관한 두 번째 책을 썼던 2019년은 미국과 중국의 무역 전쟁이 한참이었다. 당시에는 모두들 미중 무역 전쟁이 언제쯤 끝날 것인지에 대해 관심이 쏠려 있었다. 그리고 지금 이 원고를 쓰고 있는 2020년은 언론에 온통 코로나-19에 관한 이야기뿐이다.

위기는 항상 존재한다. 그리고 기회도 함께 존재한다. 주식 투자는 내가 어떤 순간에만 주식을 샀다가 팔았다가 하면서, 매 순간 수익을 내고 나올 수 있는 시장이 아니다. 그렇지만 대부분의 사람들은 주식을 가장 쌀 때 사서 바로 수익이 나고, 수익 실현을 할 수 있는 대박의 도구라고 생각한다.

주식으로 수익을 내는 방법이 하나에서 네 가지로 변하기까지 많은 금융 상품들이 개발되었다. 예전에는 주식을 쌀 때 사서 비싸게 파는 방법 한가지로 수익을 냈어야 했다. 하지만 이제는 파생 상품인 선물과 옵션이 생기면서 여러 방법을 구사할 수 있게 되었다.

선물 거래는 미래의 주식을 미리 사거나, 미리 팔 수 있다. 한마디로 수익을 내는 방법이 두 가지가 된 것이다. 내가 현재의 가격보다 미래에 주식이 떨어질 것이라 생각이 들면 현재에 측정되어 있는 가격으로 미리 팔 수가 있는 것이다. 실제로 계속 주식이 만기 때까지 떨어지면 수익이 계속 늘어난다. 하지만 예측한 것과 반대로 흘러가면 손실도 무한대가 된다.

옵션은 사고팔 수 있는 권리다. 살 수 있는 권리인 콜옵션과 팔 수 있는 권리인 풋옵션이 있다. 이렇게 변동성이 터지거나, 변동성이 없는 경우에도 옵션을 통해 돈을 벌 수가 있다. 이렇게 주식으로 돈을 벌 수 있는 방법이 네 가지가 되었다. 싸게 사서 비싸게 팔거나, 미리 비싸게 팔아 두거나, 변동성이 터지거나, 변동성이 없는 경우의 수까지 모두 돈이 될 수 있도록 금융 상품이 개발되었다.

중요한 것은 이런 모든 상황에서 돈을 벌 수 있게 되었지만, 예측이 빗나갈 경우 손실도 커졌다는 것이다. 시장 상황을 계속 예측하려고 하고, 생각한 대로 흘러갈 것이라고 투자자들은 계속 베팅을 하게 된다. 하지만 그런 나의 생각들과는 반대의 상황이 계속 일어난다. 시장이 한참 올라가면 계속 올라갈 것이라 생각하고 올라가는 곳에 투자를 했다가, 반대로 크게 하락이 나오면 깜짝 놀라 매도를 하고, 다시 내려가는 곳에 투자를 하면, 올라가서 또 손해를 본다.

양쪽에서 손해를 보다가 지쳐서, 변동성에 투자를 하면, 만기 때까지 변동성이 터지지 않아서 손해를 본다. 복잡하고 다양한 금융 상품들을 접하면서, 계속 희망을 가지고 투자를 하지만 예측하면 할수록 손실 금액만 커진다. 그러다 너무 손해를 많이 봐서, 원금이라도 복구하고자 더 위험한 투자를 계속 찾게 되고, 가진 돈이 얼마 안 남았을 때가 되어서야 깨닫는다. 이럴 때 대부분의 투자자들은 주식 투자는 복잡하고 어려운 것이라며 고개를 흔든다. 주식으로 돈을 벌려고 했던 것은 모두 허황된 꿈이라며 포기를 해버린다.

반복해서 이야기하지만, 시장 타이밍을 알 수 있는 사람은 이 세상에 없다. 미스터 마켓을 이길 사람은 없다는 말이 있다. 이렇듯 시장을 예측하려고 하는 사람들에게 시장은 정말 무서운 존재다. 절대 예측한 대로 흘러가지 않기 때문이다.

그렇다면 도대체 어떻게 투자를 해야 할까? 해답은 간단하다. 사실 복잡해 보이는 상황일수록 단순한 것이 정답이다. 명쾌하고, 따라 하기도 쉽다. 즉시 실행할 수도 있다. 그 방법은 자산이 생긴 이래로 모든 부자들이 하고 있는 자산 배분투자법이다. 그리고 자산 배분투자를 통해 현재 상황에 맞추어 비중을 바꾸어 주며 주식시장에서 살아남아 있는 것이다.

예를 들어서 지금은 코로나-19의 영향으로 우리나라뿐 아니라 전 세계의 주식이 모두 하락세이다. 언제까지 하락할지, 다시 또 언제 회복이 될지는 아무도 모른다. 그래서 나는 경기 비중을 구해 주식과 채권을 절반씩 담아서 계속 적립식으로 모으고 있다. 개별 기업들은 망해서 없어지더라도, 한 나라가 망하는 것은 굉장히 힘든 일이다. 그러니 지수 투자로 나라의 주식시장과 채권시장을 산다는 것은 굉장히 안정적인 투자법이다.

이제는 우리나라의 주식시장과 채권시장을 ETF를 통해 소액으로도 매수할 수 있게 되었다. 나는 이것이 얼마나 강력한 개인 투자자들의 무기가 되었는지를 알리고 싶다. 그래서 지금 백만장자들이 하는 자산 배분법을 우리도 직접 우리의 손으로 할 수가 있다.

시장이 올라가든 내려가든 상관하지 말고 투자 시장에 돈을 넣어야 한다. 경기가 안 좋아지면 채권이 올라갈 테고, 경기가 좋아지면 주식이 올라갈 것이다. 우리가 살고 있는 세상은 자본주의다. 자본주의라는 것은 끊임없이 돈이 풀리고 있다는 것이다. 그 돈은 계속 자산을 부풀린다. 물론 시기별로 너무 급격하게 거품을 만든 곳은 꺼지게 되어 있다. 하지만 그렇다고 해서 아무런 투자를 하지 않는 사람은 시장의 평균 수익도 얻지 못한다. 그러니 꾸준히 투자를 할 수 있는 생존 전략을 가져라. 가장 쉬운 방법은 모든 부자들이 실행하고 있는 자산 배분투자이다.

Exchange
Traded
Fund

3장

안정적인 수익을
내고 싶다면
ETF가 답이다

1

잃지 않는
ETF 투자가 답이다

핸드폰으로 나의 책이나, 유튜브를 보고 종종 전화가 온다. 3개월 전쯤 힘들어서 매일 죽고 싶다는 생각을 한다는 전화를 받았다. 나는 절박한 상황에 있는 그분의 이야기를 들었다. 현재 노래방을 운영하고 있으나, 사채업자들이 계속 가게까지 쫓아와 마음 편하게 장사조차 할 수 없다고 했다. 그분에게 지금 빚진 금액이 어느 정도인지 조심스럽게 물었다. 2,000만 원 정도의 빚이 있다고 했다.

나는 그분의 이야기를 듣고, 사람들은 각자 마음에 무게의 추가 다르다는 사실을 또 인식했다. 빚이 얼마이든지 내가 느끼는 고통의 무게가 너무 크게 느껴지면 감당할 수가 없는 것이다. 그리고 당시 남편 회사의 부도로 20억 원이 넘는 빚을 지고도 꿋꿋하게 버텨낸 분과 만나 이야기를 했다. 그분은 처음 인상부터가 밝고 자신감이 넘쳤다. 먼저 이야기하지 않으면, 현재 부유한 삶을 사는 사람이라고 생각할 정도였다. 하지만 가지고 있는 모든 자산을 처분하여도 5억 원 정도의 빚이 있었고, 최근까지 빚을 갚기 위해 하루에 4가지 일을 했다고 했다.

선물 거래를 하면서 나는 마음이 정말 불안했다. 아무리 큰돈을 벌 수 있는 수단이어도, 매일같이 움직이는 가격 변동에 따라서, 증거금이 부족해지면 증권사에서 전화가 오기 때문이었다. 국내 주식 선물거래뿐 아니라, 이 점은 해외 선물 거래를 했을 때 더 크게 느꼈다. 원자재 투자가 정말 변동성이 큰 줄은 알았지만, 직접 겪어보니 혀를 내두를 정도였다. 어떤 증권사는 전화도 주지 않고 잠을 자는 동안 문자가 하나 와서 보니, 증거금 부족으로 이미 청산이 되었다는 문자를 받았었다. 그래서 깜짝 놀라 들어가 보니 실제로 잔고에 넣어둔 돈은 모두 사라지고 푼돈만 남아 있었다.

내가 빚 이야기와 선물 거래를 함께 이야기하는 이유는 바로 이것이다. 압박감. 투자를 하면서 압박감을 느끼면 필패다. 기한이 정해져 있거나, 증거금을 채워야 하는 투자는 투자자에게 압박감을 준다. 그리고 버틸 수 없는 지경까지 이르게 한다. 그러니 초보자라면 반드시 이런 투자는 피해야 한다.

하루에 100%를 벌 수 있다면, 하루에 100%를 잃을 수 있다는 말과 같다. 아직도 이 단순한 사실이 믿기지 않는다면 직접 투자해보면 바로 알 수 있다. 물론 나는 나와 같은 실수를 여러분들이 하지 않기를 바란다. 그렇기 때문에 끊임없이 나의 실수와 실패를 책을 통해, 유튜브를 통해 알린다.

에디슨이 전구를 발명하기까지 1,000번이 넘는 실패를 했다고 한다. 그렇지만 에디슨은 "나는 작동하지 않는 사실을 하나 더 알았다."라는 명언을 남겼다. 나도 투자를 하면서 수익으로 끝나지 않는 잘못된 투자 방법을 하나 더 알았다. 이런 사실들을 내가 직접 투자를 하면서 깨달았다.

돌이켜 보면, 누군가가 먼저 그 길을 가고 있는 것을 보았다면 실수를 좀 더 줄일 수 있지 않았을까 생각한다. 하지만 나는 성격이 급했다. 새로운 사실을 접하면 바로 실행을 해보아야 했다. 그래서 모든 것을 경험하고 나서야 알았다. 대가는 컸지만, 대신 같은 실수는 반복하지 말아야겠다는 교훈을 크게 깨달았음에 감사한다.

오늘도 나는 투자에 관한 책과 유튜브 동영상들을 본다. 세상에는 정말 많은 사람들이 살고 있다. 그리고 그들 모두가 내가 경험해보지 못한 것을 경험하고 깨달음을 나누고 있다. 특히 지금같이 1인 방송의 시대는 간접경험을 생생하게 할 수 있는 최적의 세상이다.

지금 당장 직접 하는 것이 두렵다면, 다른 이의 경험을 보고 듣는 것도 방법이다. 그렇지만 소액이라면 나는 직접 해볼 것을 권한다. 누군가가 말하고, 경험하는 것들을 직접 경험하면서 부딪히면 더 빠르게 성장하기 때문이다. 다만 무모한 돈으로 재기 불능의 상태까지 가지는 말아야 하기에 타인의 경험과 교훈을 받아들여야 한다는 것이다.

궁금한 것이 있고, 정말 답답한 상황에 물어볼 사람이 주변에 없다면, 나에게 연락을 주어도 좋다. 010-3667-3885 이 번호로 연락을 준다면, 내가 아는 것과, 경험한 것에 대해서는 대답을 해줄 수 있다.

노후에 충분한 연금을 받을 수 있다는 것은 행복이다. 학창 시절에 장래 희망을 적어오라는 가정 통신문이 나오면, 우리 부모님은 나에게 선생님이 되라고 했다. 선생님이 되면 안정적으로 월급도 나오고, 퇴직 후에 연금이 나오니 최고의 직업이라고 했다. 하지만 나는 괜히 부모님이 하라고 하는 직업이나 꿈에 대해 반항심이 들었다. 그리고 내가 원하는 직업을 선택하겠다고 말했다. 하지만 정작 내가 무엇을 원하는지는 알 수 없었다.

어렸을 적에 적었던 꿈에 대한 질문에 답한 기록들을 보면 참 놀랍다. 내가 정말 그런 꿈을 꾸었나 할 정도로 기억도 나지 않는다. 가장 어릴 적 꿈은 초등학교 3학년 때 연예인이 되겠다고 적었던 자기소개 글이었다. 이사를 가려고 방 정리를 하다가, 사물함 앞에 붙여 놓았던 자기소개 코팅지를 보고 깜짝 놀랐다. 장래 희망에 떡하니 연예인이라고 써놓았기 때문이다. 나는 한 번도 내가 연예인이 되겠다는 꿈을 가진 적이 없었다고 생각했다. 문득 당당하게 적어놓은 그 꿈을 보고 나는 나의 한계를 정하지 않고, 원하는 대로 적었던 나의 순수했던 꿈을 보았다. 당시 시인이 되고 싶어 동시집을 혼자 쓰면서 시간을 보내기도 했다.

초등학교 고학년이 되었을 때는 아나운서가 되고 싶었다. 담임선생님이 항상 나에게 교과서를 읽을 때마다 '이슬이는 나중에 아나운서 해도 되겠네.'라며 칭찬을 해주었기 때문이다. 그 칭찬을 듣고 나는 정말 인정받는 기분이었다. 그래서 아나운서가 되기 위해 집에서 혼자 뉴스를 틀어놓고 따라 하기도 했다.

이후 나의 꿈은 계속 변했다. 하루 종일 만화를 볼 때는 만화가가 되고 싶었고, 학교 앞을 지나가는 여경들을 보며 경찰이 되고 싶기도 했다. 소설에 빠졌을 때는 소설가가 되고자, 인터넷 소설을 연재하기도 했다. 대학에 들어가 막상 취업을 해야 했을 때는 이제는 현실이었다. 정말로 다가올 가까운 미래에 직업을 가져야 했다. 대학교 3학년 때부터 취업 스터디를 하며, 나는 당장 내가 무슨 일을 해야 할지도 모르며 불안해서 취업 공부를 했다.

현실의 한계를 계속 느끼며 나는 현실에 내 꿈을 계속 맞추어갔다. 그리고 정말로 선택을 해야 했을 때 나는 안정적인 월급을 받을 수 있는 직업을 택하게 됐다. 연금이라는 말이 얼마나 달콤한 말인가. 내가 직장에 다니며 스스로 연금을 만들기 위해 선택했던 방법으로 지금도 투자를 하고 있다. 그리고 ETF 투자에 관한 강의를 하면서, 많은 사람들이 나를 찾아왔다. 그중에 교사 생활을 했던 분들도 많다. 교직원 공제와 같이 안정적인 연금이 나오는 시스템도 이제는 믿을 수가 없게 된 것이다. 점점 더 많은 제한이 생기고, 연금 시스템이 안 좋아지는 쪽으로 삭감이 되자 불안감을 느끼는 교사들이 많아진 것이다.

통제할 수 있는 삶을 살면, 이런 불안감을 줄일 수 있다. 누군가에게 무조건 내 운명을 맡기는 것이 아닌 내 스스로 만들어나갈 수 있다는 통제력을 가지는 것이다. 스스로 연금을 만드는 시스템을 갖기로 하고 나서부터는 나는 좀 더 노력해야 했지만, 지금은 누구보다 자유롭고 만족스럽다. 손실을 줄이는 것에 목표를 두고 초점을 맞추면서 투자하고 나니, 안정적으로 투자할 수 있게 되었다. 그리고 잃지 않는 투자를 하기 위해 과도한 욕심을 버려야 했다. 덕분에 안정감을 가지고 투자를 할 수 있었다. 아직도 어떻게 해야 할지 모르겠다면 잃지 않는 ETF 투자를 해 보는 것은 어떨까?

2

백만장자처럼
투자하는 비결

2020년 3월, 코로나 사태가 심각해지면서, 주식시장에 폭락이 왔다. 세상이 혼란스러워지자 많은 이들이 주식 투자에서 성공한 사람들에게 찾아가 묻는다. 그 중 120조 원을 굴리는 하워드 막스는 이런 대답을 내놓았다. "시장이 언제까지 하락할지는 나도 모릅니다. 바닥을 알 수 있는 사람은 없습니다. 다만 저는 주식의 가격이 가치보다 싸지는 것을 보며, 현금을 일정량 투입하며 투자를 할 뿐입니다."

백만장자들은 지금 투자를 없는 돈을 끌어와서 하는 것이 아니다. 자신이 가지고 있는 금액으로 투자를 한다. 현재 주식의 가치보다 가격이 싸지니, 매수를 한다는 것이다. 그런데 개인 투자자들의 투자 행태를 보면 백만장자들과는 다르다. 가지고 있는 자금이 아닌 신용과 빚을 져서 투자를 하고 있다. 아니면 2배, 3배 투자를 할 수 있는 단기 투자 상품들에 무리하여 투자를 하고 있다. 바닥이 어디까지인지를 알 수 없는 상황에서 자신이 버틸 수 있는 만큼 투자를 하는 것이 아니다. 이런 경우 예상했던 것보다 더 큰 하락이 오거나, 버틸 수 없을 만큼 손해가 오면, 패닉에 빠져 모두 포기해버릴 것이다.

투자에서 자주 듣는 말 중 무릎에서 사서 어깨에 팔라는 말이 있다. 그말은 떨어질 때 사라는 말이 아니라 바닥이 보이고 나서 어느 정도 회복세가 있을 때 사고, 올라가는 도중에 팔 것이 아니라 천장을 확인하고 떨어지는 추세가 시작되면 팔라는 말이다. 그런데 대부분의 주식 투자자들은 강하게 떨어지고 있을 때 주식을 목돈으로 산다.

운 좋게 빚을 져서 투자했는데 예상한 대로 시장이 흘러가 주어서 큰돈을 벌었다고 해보자. 그렇게 주식에서 큰돈을 번 투자자들은 반드시 주식시장에 계속 투자를 하게 된다. 수익을 맛본 투자자들은 시장을 떠날 수 없다. 그러니 이런 투자 패턴이 습관화될 수 있다. 한방을 노리는 투자를 계속해서 하게 된다는 것이다.

앞에서 말했던 제시 리버모어가 딱 그런 인생이었다. 대공황 시절 큰

돈을 번 제시 리버모어는 끝까지 한방을 노리며 투자했다. 그러다 말년이 불운해졌고, 모든 것을 잃고 자살을 하며 인생을 끝냈다. 투자는 도구다. 내가 원하는 삶을 그려나가는 데 도움을 주는 도구라는 것이다. 감당이 되지 않는 만큼 투자를 해버리면, 그로 인해 회복이 불가능해질 수도 있다.

통제력을 잃은 투자는 끝이 좋을 수가 없다. 아무리 좋은 기회라고 하더라도 내가 통제 가능한 범위 안에서 투자를 해야 한다. 주식 투자에서 통제력을 가지는 것은 정말 중요하다. 하지만 많은 사람들이 이런 중요한 점을 간과해버린다. 누군가가 지금 대박이 날 것이라고 빨리 들어가라고 하면 이성이 마비가 된다. 달콤한 유혹이지만, 반대로 시장이 흘러갈 경우를 반드시 생각하고 있어야 한다.

돈을 많이 번 투자자들일수록 돈을 버는 것만큼이나 돈을 지키는 것도 능력임을 알고 있다. 시장을 계속 경험하면서 돈을 잃었던 경험도 많기 때문이다. 자수성가한 부자들이나, 투자로 돈을 번 사람들은 지혜를 가지고 있다. 그런 사람들은 쉽게 좌절하지 않는다. 다시 처음부터 시작해야 하는 상황이 와도, 자신들이 쌓아온 지혜가 다시 그 자리로 가게 될 것임을 안다. 그래서 오히려 하루하루 가득 채워서 산다.

주변에 부자가 없었을 때 나는 부자들을 오해했다. 돈이 많으니 매일

빈둥거리고, 놀기만 하는 사람들이 많을 것이라고 생각했다. 하지만 이 생각은 내 삶의 귀인을 만나며 바뀌었다. 바로 백억 부자인 〈한국책쓰기 1인창업코칭협회〉의 대표 김도사를 만난 것이다. 김도사는 나에게 1인 창업의 비법부터 실행 방법까지 모든 것을 알려주었다. 이번 생에 정말 감사한 은인이다.

김도사는 아침부터 밤까지 오로지 일을 하고, 일에 관한 이야기만 한다. 그리고 정말 즐거워한다. 책 쓰기를 배우고 싶은 사람들에게 목숨을 걸고 가르쳐주고, 결과가 나오기까지 최선을 다해 코칭한다. 그리고 1인 창업을 하여 지금까지 자신이 부를 이루는 데 겪은 시행착오와 노하우를 모두 알려준다. 그리고 정말 이 일을 하는 데 자부심을 가지고 있고, 일 자체를 사랑한다.

김도사는 숨을 쉬듯이 당연하게 책 쓰기만 생각하고, 1인 창업만 생각하는 사람이다. 의식이 현실이 됨을 알리기 위해 많은 사람들에게 유튜브와 의식 수업을 매주 두 번씩 진행하고 있다. 현재 한책협을 통해 작가가 된 많은 1인 창업가들이 유튜브와, 블로그들을 통해 유명해지고, 새로운 삶을 살고 있다.

월급만 받으면서 살 때는 내가 일하는 만큼 돈을 벌 수 있는 상황이 아니었다. 안전하게 매달 월급을 받을 수 있다는 사실에 안주했다. 그래서 돈을 더 벌려는 노력을 하지 않았다. 그저 주어진 것에만 만족하고, 나를 더 성장시키려는 욕구가 크지 않았다. 하지만 한책협에서 1인 창업을 배우며, 나는 이 세상에 무엇을 하러 왔는지 계속 질문했다. 그리고 성장하지 않으면 진짜 부자가 될 수 없음을 깨달았다. 알에서 깨고 나와야 새가 되어 날 수 있다. 많은 직장인들이 스스로를 새장에 가둔 채 살아간다. 하지만 직장을 다니면서 부자가 되는 것은 정말 쉽지 않다.

오히려 자신의 삶의 통제권을 쥔 사람들이 부자가 된다. 물론 책임감도 커지겠지만 자유가 주는 행복과 만족감을 생각한다면 반드시 도전해야 한다. 아무런 준비도 없이 성공할 수는 없다. 나의 롤모델 김도사도 제대로 된 책이 1권 나오기까지 7년이 걸렸다. 힘들게 혼자만의 싸움을 하던 그 순간에, 시련은 계속되었다. 생활비가 없어서 막노동을 했고, 집의 가난 때문에 부모님은 매일 싸우시다가 아버지는 스스로 목숨을 끊었다. 그렇게 힘든 시기를 모두 이겨내고 자신의 꿈을 이룬 사람이다.

분노가 가진 힘은 크다. 잘못된 방향으로 푸는 것은 당연히 문제가 된다. 하지만 사람들에게 내가 더 나은 사람이 되어 잘 사는 모습을 보여주는 것이 오히려 더 좋은 복수라는 것을 알면, 분노는 더욱 큰 에너지가 된다.

돈을 이제 막 벌기 시작한 사회 초년생일수록 투자를 빠르게 시작해야 한다. 시장에서 겪는 경험이 많아질수록 더 빠르게 성장하기 때문이다. 나중에 돈을 모아 시작하려고 하면 그때부터 또 시행착오를 더 크게 겪어야 한다. 투자는 조급할수록 실수를 하게 된다. 사실 제일 좋은 것은 아주 어린 시절 용돈을 받는 순간부터 주식을 하는 것이 더 좋다. 하지만 지금 내가 이 책을 들고 혼자서 읽고 있는 사람들이라면 대부분이 스스로 돈을 벌고 있는 사람이거나, 경제활동을 하고 있을 확률이 크다. 그러니 지금 가지고 있는 돈을 손에 쥐려고만 하지 말고, 스스로 굴려보려고 해보자.

단 돈 100만 원으로 투자를 하든, 120조를 가지고 하든 내가 가지고 있는 돈에 감사하면서 투자를 시작해야 한다. 사람의 욕심은 끝이 없다는 말을 들어봤을 것이다. 나는 다를 것이라 생각하며 자신하는 사람들도 있지만, 대부분의 사람들의 감정은 다 비슷하다. 백만장자가 되면, 억만장자가 되고 싶고, 또 그 이상이 되고 싶을 것이다. 욕심은 끝이 없다. 그것이 인간의 본능이다. 성장하고자 하는 욕구가 없다면 욕심도 없을 것이다.

나는 욕망과 열망을 가지고 있는 것이 좋다고 생각한다. 다만 그런 욕망과 열망이 나를 집어삼키는 것이 아닌 내가 그것을 이용할 수 있는 통제권만 쥐고 있다면 말이다. 주식시장에 뛰어드는 순간부터는 이렇게 외쳐야 한다.

"나는 백만장자의 마인드를 가졌다!"

"내가 하는 투자는 모두 잘된다!"

이렇게 가지고 있음에 감사하는 마음으로 투자를 한다면 당신에게 돈은 계속 흘러들어올 것이다.

3

21세기 최고의 금융 상품
ETF

노후 준비를 하고 싶다면 ETF를 알아야 한다. ETF는 태생이 투자자에게 착한 상품이기 때문이다. 지금까지 알고 있던 펀드를 생각해보자. 펀드를 가장 좋아하는 사람이 누구일까? 그 답은 펀드를 만든 증권회사이다. 시장이 올라가든 떨어지든 수수료는 받을 수 있기 때문이다. 액티브 펀드는 펀드 매니저들이 시장을 이길 것이라고 생각하는 주식들을 골라 주식 주머니를 만든다. 그러면 바쁜 현대인들은 증권사를 믿고 펀드에 가입하는 것이다.

증권사 창구나, 은행에서 가입한 펀드는 당시 잘나가는 펀드일 확률이 높다. 많이 가입한다고 할 때 한참 잘나가는 펀드를 가입했다가, 2~3년 후 수익률이 마음에 들지 않으면 잘못 가입했구나 생각하고 또 다시 지금 잘나가는 펀드를 산다. 하지만 지금 사람들이 많이 찾는다는 것은 이미 가격이 저렴했던 것이 올라갔다는 이야기다. 우리는 이제 펀드가 시장 수익률보다 못하다는 결과를 볼 수 있다.

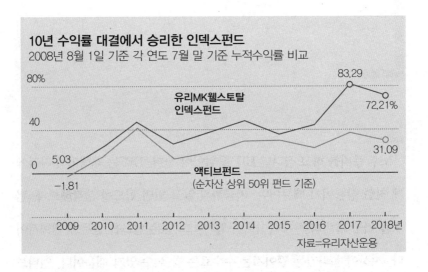

자료출처: 유리자산운용, 액티브 펀드와 인덱스 펀드의 누적 수익률 대결

인덱스 펀드를 만든 뱅가드 그룹의 창시자 존 보글은 모든 시장을 사

라고 했다. 투자자들이 돈을 벌어야 하는데, 투자 회사만 계속 돈을 버는 구조가 말이 안 된다고 생각했기 때문이다. 그래서 미국은 시장 수익률을 따라가는 인덱스 펀드가 생겼고, 401K라고 하는 연금 상품을 월급의 10%를 떼어 직장인들이 가입하도록 했다.

ETF는 이러한 인덱스 펀드를 주식시장에 상장 시킨 상품이다. 따라서 펀드의 장점과 주식의 장점을 모두 가지고 있다. ETF가 유명해지기 시작한 것은, 워런 버핏의 유언이 알려지기 시작하면서부터였다. 워런 버핏이 죽기 전 자신의 자산을 미국의 가장 거래량이 많은 인덱스 펀드에 가입해 달라고 하며, 사람들이 관심을 가진 것이다. 그리고 또한 버핏은 개인 투자자들에게 가장 좋은 영향을 준 인물을 동상으로 세워야 한다면 존 보글의 동상이어야 한다고 말했다.

기존의 증권사들 입장에서는 수수료 수익을 제대로 취할 수 없는 이 인덱스 펀드가 눈엣가시처럼 보였을 것이다. 그러니 말도 안 되는 상품을 만들지 말라고 했을 것이다. 하지만 존 보글은 투자자들을 위한 상품이 반드시 있어야 한다고 생각했고, 실제로 만들어냈다. 점점 더 많은 사람들이 공감을 하고 인덱스 펀드에 가입하고, ETF 거래를 하기 시작했다. 이제는 뱅가드 그룹이 전 세계 증권회사의 1, 2위를 다투는 회사가 되었다.

내가 처음 ETF 거래를 시작하면서 생각했던 것은, 그냥 시장을 산다면, 기다림이 너무 길지 않을까 하는 생각이었다. 시장을 이기는 알파의 수익률을 추구해야 더 빠르게 부자가 될 수 있을 것 같다는 생각이었다. 그래서 결국 개별주 단타, 국내 선물, 옵션 거래, 해외 선물 거래, 원자재, 외환 거래까지 모두 해보고, 가장 많은 자산을 굴리는 투자 방법은 반드시 ETF여야 함을 인정했다.

욕심 때문에 너무나 큰돈을 잃어도 보았고, 스트레스도 극심하게 받았었다. 변동성이 큰 투자를 하면 할수록 정답은 ETF 투자라는 생각으로 되돌아왔다. 통제할 수 있는 변동성만이 감정 매매에서 나의 승리로 이겨낼 수가 있었다.

주식 거래를 하면, 수익을 얻을 때마다 고려해야 하는 것이 비용이다. ETF의 장점 중 한가지 강력한 것은 비용이 적다는 것이다. 수수료도 0.1~0.65% 수준으로 일반 펀드들보다 훨씬 낮다. 뿐만 아니라 세금까지 적게 낸다. 증권거래세 0.25%는 아예 과세하지 않는다. 매매 차익에 대한 세금도 국내 주식형 ETF는 면제된다. 국내 주식형 ETF가 아닌 기타 ETF를 하더라도, 생각보다 비용이 적게 든다는 것을 거래를 하다 보면 알게 된다. 왜냐하면 ETF는 가격 변동뿐 아니라, 과표 기준가가 따로 설정되어 있는데 더 적게 차이가 나는 부분에 대해 과세하기 때문이다.

주식에서 계속 재투자를 하게 되면 복리 수익을 누릴 수 있게 된다. 그럴수록 세금도 함께 복리로 늘어난다. 그렇기 때문에 처음부터 세금과 같은 비용을 고려하여 투자를 하면 더 좋은 결과를 가져올 수 있다. 세금도 그만큼 크게 내야 하기 때문에 자산이 커질수록 비용에 민감해진다.

2020년 대한민국은 대다수 사람들의 자산이 부동산에 묶여 있다. 부동산이 가장 믿을 만한 자산이라며 너도나도 부동산 투자에 뛰어들었다. 하지만 정부는 계속 대출을 막고, 세금을 더 늘리고 있다. 부동산 투자를 계속해서 하던 사람들도 이제는 세금에 정말 혀를 내두른다. 그런데 반대로, 2018년에 삼성전자 주식이 200만 원을 호가하자, 기업은 주식을 분할하여 5만 원에 매수할 수 있도록 했다. 주식 투자자들에게 접근성을 더 높인 것이다.

나는 어떠한 자산이든 투자를 배우고 하는 것에 대해서는 긍정적인 시각을 가지고 있다. 누군가는 투기를 조장한다고 하지만, 시장의 수요와 공급에 의해 계속 가격은 안정화를 찾아가기 마련이다. 오히려 막으려고 하면 할수록 더 높이 올라가는 기현상만 나올 뿐이다. 다만 투자를 할 때, 너무 많은 제약을 가지고 시작하면, 유동성에 문제가 생길 수 있다. 정작 내가 필요할 때 돈으로 쉽게 바꾸지 못하는 자산으로만 너무 많이 가지고 있게 되면 위기를 견딜 수 없다. 항상 투자를 하면서, 위기도 견딜 수 있고, 유연하게 넘어갈 수 있는 전략을 가지는 게 중요하다. 그래서 나는 주식 투자를 선호한다.

많은 사람들이 위험하다고 하고 거품이 있다고 하는 주식 투자의 현재 상황을 그대로 들여다보자. 오히려 한국 사람들은 주식을 위험하다고 생각하기 때문에 거품은커녕, 제 가격도 못 받고 있다. 한국 주식의 가치 지표인 PBR은 현재 한국거래소 기준 2020년 3월 19일자로 가격 0.66이다. 물론 지금 현재 엄청난 바닥을 보이고 있지만, 최근에 계속 0.7~0.8 수준이었다. 한마디로 가지고 있는 자산에 대비하여 제 가격도 못 받고 있는 실정이다. 5,000만 국민 중에 주식 투자를 지속적으로 하는 투자자 비중은 2% 정도밖에 되지 않는다. 그런 상황에서 거품을 논한다는 것은 너무하다는 생각이다.

주식을 시작하기로 마음먹었다면 반드시 ETF로 시작하기를 권한다. 아무것도 모른 채 투자를 한다면 위험할 수 있지만, 시장의 변동성을 ETF로 경험한다면, 그래도 시장이 선택한 기업들의 평균치 수익을 기대할 수 있다. 만약 아무도 모르는 개별주에 투자했다가, 시장의 폭락을 맞게 된다면, 그 회사가 다시 살아날 수 있을지 의문이다. 그렇기 때문에 나는 시장에 기대하는 쪽이 더 합리적이라 판단한다.

4

골치 아픈 종목 선정 대신
ETF로 투자하라

주식 투자를 처음 접할 때 가장 혼란스러운 것이 2가지가 있다. 바로 종목을 정하는 것과 매매 타이밍을 잡는 것이다. 2가지 다 개인 투자자가 하기에는 너무나 어려운 영역이다. 사실 펀드 매니저들이나, 애널리스트들도 매매 타이밍은 알 수 없다. 주식의 바닥과 천장은 신도 모른다고 했다. 그러니 개인 투자자들이 그러한 타이밍을 잡을 수 있을 리가 없는 것이다.

주식으로 꾸준히 투자를 하여 은행 이익보다 높은 수익을 올리고자 하는 투자자라면 반드시 명심해야 한다. 매매 타이밍을 잡으려고 하면 할

수록, 오히려 더 시장에 당하고 만다는 것을 말이다. 그러니 우선은 종목에 관한 이야기를 해보고 싶다.

나는 처음으로 진지하게 주식 투자를 시작하고 나서, 어떤 종목을 사야 할지에 대한 고민을 계속했다. 내가 읽은 주식 투자에 관한 책은 대부분이 가치 투자 책이었다. 그러니, 가격은 싸고, 성장 가능성이 있는 기업들의 주식을 사서 투자를 하는 방법이 가장 옳다고 생각했다. 그래서 사람들이 많이 아는 기업들 중에, 아직 가치에 비해 가격이 싼 주식들을 사보기로 결심했다.

그렇게 고른 주식 중 가장 대표적인 것이 POSCO였다. 나는 가치 지표를 보고 PER과 PBR이 정말 낮은 수준에 있는 POSCO 주식을 꾸준히 모아야겠다고 생각했다. 내가 공부한 대로라면, 우리나라 회사들 중에 그래도 세계적인 순위권 안에 들어가는 회사이고, 가격이 가치에 비해 싸다고 판단했기 때문이다.

기분이 좋게도 내가 투자를 시작한 이후로 POSCO의 주식은 꾸준히 상승했다. 하지만 나는 확신이 없었다. 언제까지 주식을 들고 가야 하는지에 대한 기준이 없었다. 그래서 조금 수익이 날 때마다 팔고 싶은 마음을 못 이기고 계속 매매를 했다. 문제는 내가 계속 돈을 벌자 욕심이 커졌다는 것이다. 매수를 누르려고 하는데 현금 옆에 신용이라는 글자가 보였다. 신용으로 주식을 더 많이 살 수 있다는 사실을 알고는 있었지만 순간적으로 어차피 이렇게 계속 수익이 날 것이라면 한 번에 많이 버는 게 좋겠다 싶었다. 그래서 나는 정말 빠르게 신용을 써서 5,000만 원어치의 POSCO 주식을 장이 시작하자마자 9시에 매수를 했다.

나는 창구에서 손님을 받는 직업이니, 계속 주식 창을 볼 수가 없었다. 손님 업무를 해드려야 하는데도 불구하고 계속 주식이 궁금했다. 그래서 결국 손님이 가자마자 화장실에 가서 확인했던 나의 주식은 큰 손실이 나 있었고, 더 두려운 것은 얼마까지 손실이 날지 알 수가 없는 두려움이었다. 이미 통제를 잃은 것이다. 그래서 나는 신용을 모두 정리했다. 그렇게 아픔을 겪고 나서, 나는 신용을 쓴 나의 잘못도 있었지만, 종목에 대한 확신이 가지 않았다.

우리나라의 주식들은 외국인 비중이 크다. 그러니 이렇게 단가가 높은 주식들은 개인 투자자들보다 외국인 투자자들이 많이 들어와야 올라갈 수가 있는데 전 세계 철강 회사 중 POSCO보다 더 성장성 있고, 이익도 늘어날 것 같은 아르셀로미탈이라는 회사가 가격까지 싸니, 외국인 투자자들 입장에서 그 회사를 먼저 살 것이라는 판단이 생겼다. 하나하나 개별주를 공부할 때마다 너무 많은 종목들이 있었고, 확신을 가지고 계속 가지고 가기에는 98년도 IMF 당시 재계 2위였던 대우도 망했는데, 앞으로 그런 위기가 없을 거라는 보장도 없었다.

그래서 나는 개별 주식이 아닌 시장 지수를 사기로 결정했다. 그렇게 마음을 먹고 나니 골치 아픈 2가지 중 하나를 해결할 수 있었다. 종목 선정에 대한 압박감에서 벗어나고 나니 속이 다 후련했다. ETF는 운용사가 알아서 시가 총액이 높은, 잘나가는 주식들을 담아주고, 못나가는 주식을 수시로 퇴출시켜주니, 내가 신경 쓸 일이 없었다. 다만 시장에서 거래가 잘되는 ETF를 거래하면서, 내 나름의 기준으로 운용을 하면 되는 것이었다.

개별 주식을 공부할 때는 답답했던 것이, 각각 회사가 가지고 있는 특징이나, 실제로 내부에서 어떻게 운영이 되는지 더 많이 알고 싶지만 그것들을 모두 조사할 시간이 부족했다. 어쩌면 내가 그 쪽에 흥미와 관심이 부족했는지도 모르겠다. 그런데 시장을 사려고 하니, 나는 우리나라의 상황이 궁금해졌다. 내가 투자한 지수는 우리나라의 시장 지수였기 때문이다. 그래서 세계 경제와, 무역, 자본주의의 태생, 우리나라 증권 거래소의 역사들과 같은 거대한 틀을 찾아서 공부했다.

누군가 시켜서하는 공부가 아닌 그냥 그런 이야기들이 재미있고 흥미로웠다. 그래서 계속 나도 모르게 계속 더 찾아보고 이해하기 위해 노력했다. 그리고 오랫동안 투자 세계에 있었던 사람들의 강의를 들으러 다니며, 알게 되는 것이 많아질수록 투자를 한다는 것 자체가 즐거웠다.

가장 재밌었던 사실은 주식의 태생이었다. 17세기 대항해 시대에 스페인 무적 함대의 이야기를 들어본 적이 있을 것이다. 지구는 80%가 바다이고 육지는 20%뿐이다. 그러니 바다를 누비는 사람들은 전 세계에 자원이 불공평하게 나뉘어져 있음을 알게 됐다. 그래서 필요한 자원들을 모아 소비재를 만들어 팔고, 필요한 곳에 가져다주며 막대한 이익을 얻었다.

문제는 배가 한 척 나가는데 비용도 많이 들고, 해적을 만나거나, 자연재해를 만날 위험도 크다는 것이었다. 그래서 이런 위험과 이익을 함께 나누기 위해 동인도주식회사가 생겼다. 처음에 영국에서 1600년 대에 생겼지만, 네덜란드에 유대인들이 많이 살면서, 네덜란드의 동인도회사가 더 큰 역할을 했다. 그리고 네덜란드 암스테르담에 최초로 증권거래소가 생기게 된 것이다.

이 역사를 알고 나니 2018년의 미국과 중국의 무역 전쟁이 왜 이렇게까지 주식에 영향을 많이 줄 수밖에 없는지를 알 수 있었다. 주식의 태생이 무역과 깊은 연관이 있기 때문이다. 나는 이런 역사와 주식의 역할을 이해하며 투자하기 시작했다.

어떤 나무가 좋은 나무인지, 나무만 찾으러 다녔을 때는 드넓은 숲을 볼 수가 없었다. 하지만 등산을 좋아하는 한국인들은 안다. 산에 가는 이유는 나무 하나가 아름다워서 가는 것이 아니다. 산의 경관은 산세가 어우러지고, 아름다운 자연 경관이 조화가 이루어질 때 감탄을 자아낸다. 그리고 한 걸음 한 걸음 내가 올라가는 과정 자체가 즐거운 것이지, 정상에서 느끼는 기쁨은 그 순간일 뿐이다. 심지어 한국인들은 정상에서는 재빠르게 소리 한 번 지르고 내려오기도 한다.

나는 주식 투자를 하는 것도 이런 느낌이라는 생각이 든다. 투자를 하는 과정 안에서 내가 생각하고 결정한 대로 나만의 매매 방식과 원칙을 만들어나가는 것. 그리고 그것을 지킬 수 있을 때까지 시장 안에서 훈련을 하며, 정말로 수익이라는 결과물을 얻었을 때 기쁨을 느끼는 것.
나는 주식과 함께 성장하고 있다. 내가 스스로 돈을 벌어서, 그 돈을 시장 안에서 더 큰돈으로 굴릴 수 있어서 나는 오늘도 희망이 넘친다. 누군가는 너무 좋은 쪽만 보고 투자를 한다고 할지도 모르겠다. 그렇다. 나는 긍정적이고, 열정이 넘치는 사람이다. 그렇기 때문에 항상 도전하고,

새로운 길을 가고 싶어 한다. 그래서 주식은 항상 나에게 더 배울 것들을 제시해주기 때문에, 벗어날 수가 없다. 시장은 항상 다른 모습을 보여준다. 위기가 올 때마다 새로운 모습의 형태로 다가온다.

그래서 나는 위기 속에서도, 환희 속에서도 꾸준히 주식 투자자로 남아 있겠다. 그리고 주식이 주는 복리 수익을 누리겠다. 그렇게 하기 위해서라도 반드시 지수 투자인 ETF로 투자를 해야 한다.

무엇부터 시작해야 할지 모른다면
ETF로 시작하라

내가 가장 찾기 힘들었던 것은 '꿈'이었다. 어렸을 적부터 나는 어떤 사람이 되고 싶은지 고민해야 하는 시간이 올 때마다 도저히 답을 알 수 없는 질문 같았다. 학창 시절에는 생각나는 대로 대답하면 그만이었다.

대학 생활에서 정답을 찾기 위해서는 많은 경험을 해야 할 것 같아, 아르바이트, 인턴, 봉사활동 등 할 수 있는 일은 무조건 했다. 하지만 대학교 4학년 정말로 결정을 내려야 할 때가 왔다. 그렇지만 그때까지도 나는 내가 무엇을 하고 싶은지 알 수 없었다. 그래서 더 불안했다.

그러던 중에 가장 친한 친구가 외국에 나가겠다는 말을 항상 해서, 나도 외국을 나가면 답을 찾을 수 있을 거라는 막연한 기대를 했다. 결국 바로 해외 인턴 프로그램에 지원하여 생애 처음으로 미국으로 떠났다.

그렇게 나의 꿈을 찾는 여정은 계속됐다. 미국에서도 내가 진정으로 원하는 것이 무엇인지를 몰라 바로바로 할 수 있는 일들을 해보았다. 어학연수를 받는 동안은 돈도 벌고, 경험도 하기 위해 빵집에서 아르바이트를 하고, 마트에서 아르바이트를 했다. 현지 사람들은 어떻게 살아가는지 직접 모두 경험해보고 싶어서, 내가 좋아하는 운동과 관련된 여러 모임도 나갔다. 허드슨 강을 타는 보트를 타기도 하고, 재즈를 배우러 다니기도 했다.

나의 모든 일련의 과정들은 모두 '꿈'을 찾기 위한 것이었다. 미국에서 엔지니어링 회사에 영업팀에 일하면서도, 정말 다양한 경험을 했지만, 결국 한국에 돌아와서 내가 선택한 것은 안정적인 월급을 받을 수 있는 현실과 타협한 꿈이었다.

내가 현실적으로 가장 적합하다고 생각한 은행원이라는 꿈을 이뤘다. 그렇게 5년 동안 나는 은행원이라는 직업을 가지고 살았다. 그 안에서도 끊임없이 질문이 생겼다. 직장생활을 하면서 나는 정말 내가 원하던 '꿈'이 지금의 삶이 맞는지 고민했다. 물론 생활이 익숙해질수록 현실만 보던 순간이 더 많았다. 꿈이 꼭 있어야 하는 건 아니라는 생각도 했다. 그런데 왜 그렇게 답답하고, 불안한 감정은 사라지지 않는지 매번 무엇인가를 계속 찾아다니는 기분이었다.

주식 투자를 처음 시작했을 때 마치 '꿈'을 찾는 과정과 비슷했다. 어떤 주식을 사야 할지, 어떻게 매매를 해야 할 것인지 주식 투자를 하면 할수록 더 모르겠다는 생각만 들었다. 그래서 또 꿈을 찾을 때와 마찬가지로, 무조건 다 경험해보기로 했다. 내가 살던 방식이 그랬으니, 당연하다는 듯이 그렇게 했다.

처음 듣는 상품들을 모두 일단 투자해보면서, 경험으로 익혔다. 그리고 그 경험들이 정말로 내가 판단을 내리는 데 가장 많은 도움이 되었다. 내가 이렇게 직접 하는 경험에 가장 많은 점수를 주게 된 것은 사실 대학교 때 본 스티브 잡스의 연설 때문이다.

당시에 스티브 잡스가 했던 말 중에 가장 인상 깊은 말은, 내가 경험하는 모든 것들이 인생의 점이 되는데, 이 점들을 이어서 멋진 선을 만들 수 있다는 말이었다. 그래서 나는 많은 경험들을 하면 할수록 내가 정말 원하는 일을 발견했을 때 멋진 선으로 이어낼 수 있을 거라는 확신이 들었다.

스티브 잡스는 현실과 미래는 이어져 있고, 오늘이 나의 삶의 마지막

날이어도 지금 하고 있는 일을 하겠냐고 스스로에게 항상 물었다고 했다. 나는 그 말을 나에게도 물어보는 순간들이 종종 있었다. 특히 직장을 다니면서 더 많이 물었다. 그리고 항상 나의 가슴이 하는 소리는 '아니오'였다. 그렇지만 현실의 벽에 부딪혀 항상 그 소리를 무시해야 했다.

내가 가슴이 시키는 대로 살기 시작한 순간은 사실 회사를 그만두었던 바로 그때부터였다. 그렇게 원하던 퇴사를 나는 30살에 이뤘다. 그리고 지금은 내가 가장 좋아하는 일을 하면서 살고 있다. 주식 투자를 회사를 다니면서 할 때는 심지어 당당하게 말하지도 못했다. 회사 내에서 주식을 한다는 것 자체가 잘못된 것을 한다는 식이었기 때문이다.

나는 주식 투자로 삶을 바꿨다. 주식은 계속 도전하라고 한다. 불편하고 불안한 것을 모두 이겨내라고 한다. 그래야지만 얻을 수 있다고 한다. 정말로 투자를 한다는 것은 사실 몸이 힘든 것보다는 마음이 고생을 한다는 말이 더 맞다. 내가 무섭고 두려운 감정이 들더라도, 나를 믿고 가야 하기 때문이다. 그리고 실제로 실패를 경험하더라도, 인정하고 다시 시작해야 하기 때문이다. 그렇지만 나는 투자자 마인드로 세상을 바라보면서, 내 삶에서 가장 중요한 것이 무엇인지를 깨달았다.

내가 찾고 싶었던 것은 무한한 자유였다. 내가 내 자신으로 존재할 수 있는 자유, 그것을 가장 원했다. 그래서 회사에서는 항상 속박되었던 자유 때문에 너무 답답했다. 시간적 자유뿐만 아니라, 내 목소리를 낼 수 없는 순간들과 하고 싶지 않은 일을 하고, 만나고 싶지 않은 사람들을 만나고, 시간을 돈으로 바꾸는 인생이라는 생각이 강하게 들었다.

회사에서 일을 하면서 받는 월급으로 나는 반드시 더 나은 삶을 살기 위해 노력해야 했다. 그렇게 내 스스로 통제할 수 있는 삶을 살기를 간절히 원했다. 그리고 투자는 나를 그 길로 인도했다.

주식 투자는 모르고 덤비면 정말 위험하다. 특히 한국의 주식은 변동성도 강하지만, 오르지 않고 계속 그 자리에서 오랜 기간을 가기도 한다. 2011년에서 2016년까지 경기 침체의 여파로 코스피는 실제로 박스권에 갇혀 있었다. 그래서 나는 한국에서 주식 투자를 하기 위해서는 반드시 ETF 투자로, 주식과 채권을 같이 사야 한다고 생각한다.

한국은 경기 침체가 길기 때문에 채권 투자를 병행해야만, 그 기간들을 버틸 수 있고, 수익을 낼 수도 있다. 하지만 많은 주식 투자자들은 언제나 주식을 100% 들고 있다. 그러니 경기가 안 좋아질 때마다 큰 손해를 보고, 회복을 못 한다. 그렇게 계속 주식 안에서 해답을 찾으려고 하니, 더 깊은 좌절을 맛본다.

개인 투자자들은 대부분이 자신의 생업을 하면서 투자를 병행해야 한다. 실제로 그렇게 투자를 해야 안정적으로 수익을 내기에도 가장 적합한 상태이다. 전업 투자에 대한 환상이 있는 사람들도 있지만, 그것은 너무나 큰 인생을 건 도박이다. 나는 투자는 내가 가진 꿈을 이루는 데 필요한 도구라고 생각한다. 도구를 위한 삶을 살고 싶은 사람은 몇 되지 않을 것이다. 그러니 개인 투자자들은 투자에 하루 한 시간도 쏟기 힘들다.

직장에 다니거나, 집에서 아이들을 돌보며 투자를 계속 하루에 정해진 시간에 한다는 것은 굉장히 어렵다. 그래서 나는 시간이 없고, 바쁜 사람들일수록 반드시 ETF 투자를 하라고 말한다.

내가 긴 시간을 힘들게 돌고 돌면서 투자를 하면서 찾은 답은 ETF였다. 무엇부터 해야 할지 모르는 개인 투자자라면 반드시 ETF 투자를 시작하라.

6
월급으로
적립식 투자하라

주식이라고 하면 무조건 하면 안 된다고 생각했던 분이 우리 부모님이다. 내가 주식 투자로 돈을 버는 모습을 보아도, 벌었으면 빨리 팔고 빠져나오라고 했다. 우리 부모님은 주식은 무조건 위험한 것이라 생각하신다. 그래서 내가 주식으로 돈을 잃을까 봐 걱정하시는 것이다. 그랬던 나의 아버지는 이제 주식 투자를 하고 계신다.

처음 아버지가 주식 투자를 해야겠다는 생각했던 순간은 내가 모의 투자를 처음 시작했던 해와 같다. 2009년은 2008년의 위기가 회복되면 코스피가 강하게 올랐던 해다. 아버지 회사에서 준 자사주도 2배가 넘게 올랐다. 그런데 그때 아버지는 20년 동안 끌고 다녔던 차를 주식을 현금으로 바꾸어 차를 구매하셨다. 그래서 다른 동료들이 1억을 벌었다며 술을 쏠 때 아버지는 술을 먹고 들어와 주식을 팔지 말았어야 했다고 후회하셨다. 그래서 회사에서 나오는 주식을 팔지 않고 계속 모으고는 계셨지만, 정작 주식 투자를 바로 시작하지는 못 했다.

아버지가 주식 투자를 직접 하기 시작한 것은 최근의 일이다. 그동안 주식 투자를 하고 있는 나에게 계속 물어는 오셨지만 행동하지는 못 하셨었다. 그런데 매일 내가 올리는 유튜브를 보고 아버지도 주식 투자에 대해 확신이 생기셨다. 그래서 시장을 사는 투자 방법으로 나와 함께 투자 중이시다. 워낙 시장이 바닥인 3월에 시작을 하셔서 크게 수익을 올리면서 시작하게 되셨다. 그동안 연금만 믿고 아무런 준비를 하지 않았지만, 이제는 스스로 투자를 시작했다는 생각에 더 힘차게 일터를 나가고 계신다.

나는 우리 가족들에게도 주식 투자를 해야 한다고 말하고, 친척들을 만나면 계속 이야기한다. 자신도 모르게 그렇게 된 것이다. 주식 투자라는 것은 반드시 편견을 버리고 시작해야 한다. 그동안 가지고 있던 돈에 대한 부정적인 인식과, 주식에 대한 부정적인 인식을 모두 버리고, 시작해야 한다.

은퇴가 얼마 남지 않은 분들일수록 목돈을 가지고 투자를 하려고 한다. 그 생각을 깨뜨리는 것은 참 어렵다. 하지만 주식의 변동성을 스스로 경험해보면 적립식 투자가 얼마나 중요한지 한참을 당한 후에야 안다. 아무리 투자를 해봤던 사람이 조언을 해주어도 스스로 겪어보지 않는 이상 그 중요성을 실행하는 데 필요성을 크게 느끼지 못한다.

정말 최상의 상태는 직장인이 월급으로 주식을 하는 것이다. 가지고 있는 목돈이 없으니 당연히 한 달에 한 번씩 들어오는 돈으로 투자를 할 수밖에 없다. 강제적인 적립식 투자이다. 나는 주식 투자자들에게 계좌를 종합 계좌 CMA 계좌를 함께 만들라고 조언하고 있다. 종합 계좌 하나만 만들면 들어가 있는 전부를 모두 매수하게 된다는 문제가 있다. 내가 조절하려고 해도, 투자를 하다 보면 자신도 모르게 계속 가능 수량 전액 매수를 누르게 된다.

그래서 분할 계좌를 두는 것이 중요하다. CMA 계좌에 현금을 매달 30%씩 모으며, 정말로 중요한 순간에 더 들어갈 수 있도록 모아야 한다. 내가 이런 원칙을 가지고 있지 않는다면, 정말 필요한 순간에 현금이 없어서 아쉬워하는 순간들이 온다.

적립식으로 투자를 한다는 것은 정말 엄청난 장점을 가지고 있다. 크게 두 가지가 있다.

먼저 적립식 투자는 단가를 낮추는 효과가 있다. 주식 투자를 할 때 보통 가격에 집중을 많이 하지만, 사실은 주식의 수량도 생각해보면 좋다. 가격이 1,300원짜리 주식이 있다고 생각을 해보자. 이 주식을 10만 원어치 살 때 76구좌를 구매할 수 있다. 그런데 300원이 오르면 62구좌를 살 수 있다. 14구좌를 덜 사는 것이다. 반대로 300원이 떨어져서 1,000원이 되면 무려 100구좌를 살 수 있게 된다. 24구좌나 더 살 수 있는 것이다. 같은 가격이 올라가고 떨어졌는데, 더 살 수 있는 수량이 크게 늘어나는 것이다.

주식시장에서는 파동이 어느 정도로 강하게 올지, 언제가 바닥이고 천장인지 알 수 있는 사람이 없다고 여러 번 강조했다. 그렇다고 한다면 누구나 모르는 상태라는 것은 참 공평하다. 그러니 주기적으로 분할 매수를 한 투자자의 경우 단가를 낮추는 효과를 누릴 수 있다. 그러니 이성적으로 볼 때 분할 매수, 적립식 투자는 반드시 실행해야 할 매매 방법이다.

두 번째 장점은, 투자로 인한 스트레스 때문이다. 처음 투자를 시작한 사람들은 자신의 투자 성향도 모르고, 어느 정도까지 손실을 감내할 수 있는지 모르는 상태로 시작하게 된다. 그런데도 큰돈으로 들어가, 깜짝 놀라 스트레스를 견디지 못하고 손실을 확정지어 버린다. 그러니 적립식 투자를 하면서, 어느 정도까지 자신이 견디면서 투자할 수 있는지를 알아내야 한다. 내가 투자를 해보니, 개인 투자자들이 목돈이 들어갔을 때 -15%까지 가면 웬만한 개인 투자자들은 견디지 못한다. 아니면 아예 포기를 해버리고 '묻지마 장기 투자'를 하기도 한다. 지수에 '묻지마 장기 투자'라면 다행이지만, 오를 확률이 적은 개별주를 그렇게 장 담그듯이 투자를 해버리면 거의 대부분이 소생이 불가능하다. 그렇게 투자를 할 것이라면 땅에 돈을 묻어 두는 게 차라리 낫다고 본다.

60대 수강생 중에 30년 동안 교직 생활을 하고, 나에게 ETF 투자를 배워서 실행 중인 수강생이 있다. 현재 연금을 받고는 있지만, 자폐를 가지고 태어난 첫째 아이와, 성인이 되었지만 아무것도 하지 않으려고 하는 둘째 아이를 계속 돌보면서 인생이 너무 힘들다고 했다. 연금을 가지고 생활하기에도 빠듯했고, 가진 돈을 더 불릴 수 있다는 희망이 없어서, 어떻게 해야 할지 모를 때 주식 투자를 조금씩이라도 도전해야겠다고 생각해서 찾아왔다고 했다.

'희망.' 나는 이 단어가 주는 힘이 얼마나 강한지 알고 있다. 나도 투자를 시작했을 때 희망을 찾았다는 생각에 너무나 기뻤다. 이제는 은퇴를 맞이하고 있는 50대, 60대 분들이든, 지금 직장생활을 하고 있는 30대,

40대든 모든 세대가 불안하다. 불안한 상황은, 지금 우리가 믿고 넣고 있는 연금에 대한 불신과 사회에 대한 불신이 커지고 있다.

경기 침체가 너무 오랫동안 우리나라 사람들을 괴롭혔다. 그러니 이제는 정말 많은 사람들이 희망, 웰빙을 이야기한 지가 오래도 되었다. 그러니 사람들은 지쳤고, 방안을 찾기 위해 계속 노력하고 있는 것이다.

나는 금융과 투자는 반드시 어려서부터 해야 하는 삶의 생존 도구라고 생각한다. 그러니 어린아이든, 나이가 많은 노인이든, 할 수 있는 한 한 달에 커피 값만이라도 투자를 하고 있어야 한다. 그렇게 투자가 습관화가 되고, 누구든지 돈 이야기가 일상적이고 당연한 이야기가 되어야 한다. 돈은 신이 준 축복이다. 그리고 돈으로 인해 더 많은 자유와 행복을 누릴 수 있다.

누군가가 스스로 돈을 이룬 것은 돈과 금융, 부에 대한 관심을 가지고, 끌어당겼기 때문이다. 우리는 모두 부자가 될 수 있다. 부자에는 정원이 없기 때문이다. 누군가가 먼저 부자가 되었다고 해서 내가 부자가 되지 못하는 것은 아니다.

늦었다고 생각하지 말고 지금 당장 투자를 시작해야 하는 이유다. 하루에 커피 값 4,000원이라도 투자를 하겠다는 생각으로 시작하면 된다. 라떼 효과라는 말을 들어보았을 것이다. 미국에서도 '커피 라떼를 살 돈만큼씩 저축과 투자를 하자.'라는 생각이 공감을 얻고 있다. 미국인들은 사실 대부분이 저축을 하고 있지 않다. 세금을 내고 남은 금액은 모두 소비를 하고 있다. 하지만 이제 많은 사람들이 저축과 투자를 해야 한다는 생각을 시작하고 있다. 미국에서 401K 연금에 가입한 사람들은 월급에서 10%가 미국 주식에 계속 투자가 되고 있으니, 저축률까지 높아진다면 각 개개인의 노후는 더욱 풍성해질 것이다. 우리나라는 금융 자산의 대부분을 오로지 저축으로만 하고 있으니 이제 투자율을 높여야 할 때다. 돈을 모아서 나중에 시작하려고 하지 말고, 지금 가지고 있는 돈에서 바로 적립식 투자를 시작하라. 하루에 커피 값 한잔이 당신의 노후를 책임지는 강력한 파이프라인으로 구축될 것이다.

3장_ 안정적인 수익을 내고 싶다면 ETF가 답이다

Exchange
Traded
Fund

4장

월급쟁이 당신에게 ETF를 강력 추천하는 6가지 이유

1
안정적으로 수익을 낼 수 있는 것은 오로지 ETF뿐이다

한 청년이 어플을 개발하여 대박이 났다. 최근에 스마트폰 어플에 대한 관심이 높아지며 운 좋게 사람들이 많이 사용하는 어플을 개발한 사람들 이야기가 실린 뉴스들이 화재다. 많은 사람들이 기사를 보고, 댓글에 부럽다와 운이 좋았다는 의견에 공감했다. 하지만 그 사람이 성공한 어플 하나를 내기까지는 30개의 실패한 어플이 있었다. 누구나 성공을 하기까지 과정이 있다. 그렇지만 사람들은 결과만을 듣고, 그 사람은 운이 좋았다며 부러워한다.

성장하고 싶다면 항상 경계선에 서 있어야 한다. 직장인이라면, 사업을 바로 나가서 하는 것이 어려울 것이다. 그럴 때 투자자가 먼저 되어 보면 된다. 투자라는 것은, 직장과 사업의 경계선이다. 직장인들은 회사를 위해 일을 하면 안정적인 월급을 받는다. 하지만 내가 더 많은 성과를 올리고, 회사에 기여도가 굉장히 높다고 해도, 사실 대부분의 회사에서는 정해진 월급만을 줄 뿐이다. 그렇지만 투자는 내가 더 많은 성과를 내면, 수익이 올라간다.

투자를 하면서 자연스럽게 사업가 마인드를 배우게 된다. 우리나라 기업들에 투자를 한다면, 어떤 순간에 경기가 좋아지는지, 사업 환경이 언제 좋아지는지, 지금 어떤 의사결정을 해야 하는지 매 순간 고민하게 된다. 직장을 다니는 동안은, 굳이 내가 생각하지 않아도 될 부분들을 더 멀리까지 보게 된다.

ETF는 주식과 펀드의 경계선에 있다. 두 가지의 장점을 모두 갖춘 금융 상품이다. 투자를 처음 하는 사람들은 자신이 어느 정도까지 위험 감수를 할 수 있는지 모르고 시작하게 된다. 그러니 안정적으로 투자를 할수 있어야 한다. 개별 주식은 하루에도 위로나 아래로 30%씩 움직일 수있다. 변동성이 강하여, 안정감을 주지 못한다. 원자재 투자나, 다른 파생 상품 투자들도 마찬가지다. 변동성이 강한 투자들일수록, 감정을 조절할 수가 없다.

투자에서 감정이 얼마나 중요한지 오랫동안 시련을 겪고 나서야 알았다. 결국 투자라는 것은 나의 감정 상태에 따라 수익률이 큰 영향을 받는다. 내가 투자를 하며, 계속 두려움에 휩싸인다면 어떠한 투자 방법이든 수익을 내기 어렵다. 그런데 사람마다 성향이 다르고, 위험 감내 수준이 모두 다르다.

그런데 주의해야 할 것은 ETF도 주식이다. 당연히 저축을 해둔 돈처럼 그대로 머물러 있는 것이 아닌, 시장 움직임에 따라서 위아래로 흔들린다. 그런데도 사람들은 무작정 돈을 넣어두고 안전하겠거니 생각해버린다. 하지만 ETF도 주식이니, 어느 정도로 시장에서 가격이 흔들리는지 경험해보지 않으면 깜짝 놀랄 수 있다. 나는 그래서 초보 투자자들은 반드시 적립식 투자로 시작해야 한다고 조언한다.

독자 중에 나에게 계속 ETF 투자에 대해 하루에 몇 번씩도 물어보는 분이 있었다. 그분은 투자를 한번 들어가고 나니, 시장에서 움직이는 가격이 너무 두려워서, 계속 확인을 받아야 하는 것처럼 보였다. 그러니 자신의 투자에 대한 확신이 없고, 계속해서 누군가가 말을 해주어야만 버틸 수 있는 것처럼 보였다. 그래서 지금 들어간 잔고와 수익률을 보니, 내 입장에서는 전혀 걱정하지 않아도 될 것 같아 보였다. 하지만 본인이 계속 시장에 들어가서 매일 같이 수익률을 확인하면서 단 몇 %의 손실률도 못 버티는 것이다.

주식에서 자신이 15%의 수익을 원하는 사람은 15%의 손실도 견딜 줄 아는 사람이어야 한다. 그런데 사람들은 자신이 원하는 수익률은 100%의 수익률까지도 바라면서, 손실은 절대 나지 않으려고 한다. 시장은 반드시 흔들린다. 내가 들어간 구간이 절대 바닥일 수가 없다. 그렇다고 한다면, 내가 견딜 수 있는 만큼의 변동성만 주식시장에 참여해야 한다.

주식의 변동성을 줄여줄 수 있는 자산군이 채권이다. 우리나라의 채권 ETF의 가격 변동 차트를 보면, 흔들리는 구간에도 주식에 비하면, 굉장히 안정적이다. 그리고 꾸준히 우상향하는 모습의 차트를 가지고 있다. 그러니 변동성을 줄여 주면서, 안정적으로 ETF 투자를 하기 원하는 투자자들은 반드시 이렇게 자산군을 섞어서 가지고 갈 줄 알아야 한다. 항상 주식에 100% 투자하는 전략은 위험 변동성을 내가 견디지 못할 확률이 크기 때문이다.

나라가 망하는 일이 흔할까? 전 세계에서 전쟁이 나고, 침략을 받고, 금융 위기가 있었던 나라 중 없어진 나라는 몇이나 되는지 알아보자. 2차 세계대전에 패전 국가였던 나라들도, 힘든 시기를 겪었지만 나라가 없어지지는 않았다. 당시 독일은 전쟁에서 패하고, 하이퍼 인플레이션을 겪는 등 큰 아픔을 겪었다. 그 때문에 독일 국채는 가격이 바닥으로 떨어졌다. 하지만 앙드레 코스톨라니는 자신의 저서 『실전 투자 강의』에서 말한다. 독일이 다시 경제가 제대로 돌아가기 시작하면, 채권 가격이 강하게 회복될 것이라 확신했고, 실제로 그는 큰돈을 독일 국채를 사는 데 성공한다. 그리고 독일은 실제로 빠르게 회복되었다. 나라는 쉽게 망하지 않는다.

개별 기업에 투자를 하면, 어떤 기업이 거듭된 위기에도 계속 살아남을지 알 수 없다. 발전하고 혁신하지 않는 기업은 위기가 오면 쉽게 무너질 수 있다. 하지만 그런 위기 속에서도 새로운 기업들은 계속 다시 생긴다. 그리고 기술의 발전과, 생활 방식에 따라 기업들은 성장한다. 그렇게 성장하는 기업들은 코스피 시장에 대표적인 200개의 기업 군 안에 순위를 올릴 것이다.

나는 이런 코스피 시가 총액이 높은 200개 기업을 담는 지수 투자는, 내가 투자자로의 마인드만 제대로 잡는다면, 가장 좋은 투자라고 생각한다. 지수 투자의 장점은 망할 걱정을 하지 않아도 된다는 것이다. 그리고 주식에만 투자를 하면, 변동성이 강하므로, 우리나라의 채권도 함께 투자를 해주면서 꾸준히 투자 시장에 살아남아 있는 것이 최고의 투자 전략이라 생각한다.

4장_월급쟁이 당신에게 ETF를 강력 추천하는 6가지 이유

ETF가 없었다면 개인 투자자들에게 이런 자산 배분투자는 불가능하다. 200개 기업의 주식을 1주씩만 담아도, 수 천만 원이 필요하고, 채권투자 또한 투자할 수 있는 돈 단위가 커야 하기 때문이다. 하지만 이제는 ETF라는 상품이 적은 돈으로도 충분히 투자할 수 있도록 해주었다. 한 달에 10만 원씩만 투자를 한다고 해도, 주식과 채권을 모두 담을 수 있다.

부자들이 하는 자산 배분투자를 똑같이 할 수 있게 되었다. 개인 투자자들에게 이러한 투자의 장점과 안정성은 한동안 주목받지 못했다. 왜냐하면 개인 투자자들은 자신들이 가지고 있는 돈보다 자신들이 없는 돈에 대한 욕구가 더 크기 때문이다. 주식 투자로 1억, 10억을 벌고 싶은 투자자들에게, 지수 투자는 지루해보이기 때문이다. 하지만 손실 금액이 커지면 커질수록, 수익으로 돌아 나오기가 어려운 주식시장에서, 여러 번 투자 실패를 경험하고 나면 지수 투자의 장점을 알게 된다.

돈을 잃기 전 ETF 투자로 지수 투자를 시작해보자. 개인 투자자가 안정적으로 꾸준히 수익을 낼 수 있는 투자는 ETF 투자뿐이다.

2

ETF는 소액으로 안전하게
분산투자가 가능하다

어느 부동산 투자자의 말을 듣고 공감했던 부분이 있다. 서울에 있는
부동산에만 투자를 하려고 하는 사람들이 많다. 그런데 서울에 있는 부
동산은 이미 매매 가격이 비싸다. 그러니 가지고 있는 자금이 많아야 접
근이 가능하다. 하지만 서울 아파트가 5억짜리가 10억이 되고, 지방 아파
트가 2억짜리가 4억이 되면, 수익률 100%로 똑같다. 그러니 가지고 있는
자금에서 할 수 있는 투자를 하는 것이 낫다는 말이었다.

내가 생각하는 투자도 같은 맥락이다. 이미 내가 가지고 있는 자금에
서 투자를 시작할 수 있어야 한다. 대부분 사람은 각종 공과금과 생활비

를 빼고 나면 저축할 돈도 없다고 한다. 그러니 한 달에 10만 원이라도 투자를 시작할 수 있어야 더 빠르게 부를 축적할 수 있다. 내가 주식 투자를 먼저 시작한 것도 가지고 있는 돈이 월급이었기 때문이었다. 그래도 나는 월급을 계속 불려야겠다는 투자의 세계를 빠르게 접한 편이다.

대부분의 직장인들이나, 자영업자들은 투자를 잘 모른다. 열심히 일은 하지만, 나의 돈이 일하게 만들지는 않는다. 우리는 잠도 자야 하고, 쉬어야 하지만, 돈은 사실 쉬지 않고 일할 수 있는 든든한 아군이다. 그러니 내가 돈을 벌고 있는 사회생활을 하는 사람들이라면 바로 투자를 시작해야 한다.

무엇이든 투자를 하려고 마음먹었다면 사실 여러 가지 이야기가 들린다. 어떤 사람은 땅 투자를 했다고 하고, 어떤 사람은 주식 투자를 했다고 하고, 젊은 사람들은 비트코인에 투자했다고 하고, 금 투자를 했다고 하는 사람도 있고 정말 여러 가지 투자 방법들이 눈에 들어올 것이다.

내가 은행 창구에서 일하는 동안 감사한 일은 사람들의 돈이 어디에서 어디로 가는지를 관찰할 수 있었다는 것이다. 어느 날 한 고객이 저축해 놓은 목돈을 모두 찾아가려고 했다. 어디에 쓰시려고 하는지 자연스럽게 물었더니, 그 고객은 금에 투자하려고 한다고 했다. 그때는 내가 신입 사원이었을 때라 투자에 관심이 없었을 때였다. 금에도 투자하려고 하는 사람이 있구나, 알게 되었다.

항상 창구에 와서 송금을 자주 하던 고객이 있다. 그 고객은 부동산 투자에 눈을 뜬 이후로 우리 지점에 와서 자주 송금을 하는 분이었다. 내가 결혼을 곧 할 거라고 하자, 그 고객은 정말 진심으로 내게 집을 무조건 사서 들어가야 한다고 조언해주었다. 어느 순간이든 부동산은 가지고 있으면, 올라간다고 했다. 그렇게 말해주며, 청약을 어떻게 해야 당첨될 수 있는 확률을 높일 수 있는지도 조언해주었다.

나에겐 스승이 많다. 내가 만나던 모든 손님과, 나의 직장 동료들 그리고 부모님들도 삶에서 모두 자신이 어떻게 돈을 모으고 다루는지를 보여주었다. 그래서 나는 나에게 더 맞고, 원하는 방향으로 계속 돈을 굴리는 연습을 했다.

한국에서는 금융 교육에 대한 필요성에 대한 인식이 아직까지 높지 않다. 금융권에서 일하던 시절, 중학교 아이들을 대상으로 분기별로 금융 강의를 했다. 아이들에게 화폐의 역사, 금융의 개념, 금융 기관과 직업, 미국의 기축 달러까지 이야기했다. 처음 직업 체험으로 학교에 가서 강의를 했을 때는 금융에 대해 아이들이 질문을 많이 하거나 흥미로워 하지 않을 것 같았다. 그런데 참관하는 선생님들도 놀랄 정도로 아이들이 집중해서 강의를 들었다. 그리고 질문도 끊이지 않았다.

왜 우리는 그동안 아이들에게 돈에 대해 생각해볼 수 있는 충분한 시간을 주지 않은 것인지 궁금했다. 나는 성인이 되고, 사회인이 되어 결혼을 했다. 그런데 매 순간 돈을 어떻게 다루어야 하는지 난관이 계속 있었다. 그리고 어려서부터 머릿속에 박혀 있던 '돈으로 행복을 살 수는 없다, 돈을 너무 좋아하면 안 된다'와 같은 말들이 자연스럽게 나에게 돈을 좋아하는 것을 숨기도록 만들었다.

인식이 생각을 만들고 생각이 행동을 하게 한다. 돈에 대한 인식은 내 삶에 바로 나타난다. 내가 돈을 피하고 있었기 때문에 돈도 나에게 오지 않았다. 우리는 어려서부터 가정에서 돈에 대한 이야기를 아이들과 나누어야 한다. 그래야 우리가 돈에 대한 인식을 올바르게 할 수 있고, 아이들이 자라서 부딪히는 수많은 문제들이 돈과 연관이 있다는 것을 알아야 힘들게 혼자서 이겨내야 하는 부분들을 같이 해결할 수 있다.

그렇기 때문에 금융 교육은 정말 중요하다. 어려서부터 인식된 것이 자연스럽게 생각으로, 행동으로 나타난다. 자본주의 사회에 돈에 대해 부정적 인식을 하게 하는 것은 아이들에게 가난한 마인드를 길러준다. 물질 만능주의나 돈으로 모든 것이 된다는 가르침을 주자는 것이 아니다. 생활에 있어 정말 필요한 것이고 제대로 관리해야 내 삶에 풍요가 넘칠 수 있다는 것을 알려주고 싶은 것이다.

돈을 이해하고, 관심을 가지게 하는데 투자만큼 좋은 것은 없다. 투자를 하게 되면, 자연스럽게 흥미가 생긴다. 어려서부터 용돈으로 ETF로 시장 지수를 모으게 한다면 이 아이는 반드시 돈에 대한 관심을 가지게 된다. 우리는 평생 투자를 배우지 못했다. 그래서 투자가 낯설고, 돈도 낯설다. 내가 돈을 모르니, 돈도 우리를 나 몰라라 한다.

ETF는 아주 적은 돈으로도 투자가 가능하다. 그래서 아이들이 적은 돈으로도 충분히 이 한 나라의 지수 전체를 가질 수 있다. 가장 투자의 기본적인 자산인 주식과 채권을 꾸준히 아이들이 모으는 것만으로도 충분히 매력적인 투자수익을 올릴 수 있다. 내가 어렸을 적부터 받은 세뱃돈과, 용돈을 우리나라 코스피와 채권에 투자할 수 있었다면 얼마나 좋았을까 생각한다. 산 위에서 눈을 굴리면 커다란 눈덩이가 되듯이, 빠르게 시작한 투자는 정말로 커다란 목돈으로 나에게 돌아온다.

관심을 가지는 몇 개 기업으로 투자를 하게 되는 것도 좋지만, 그렇게 되면 분산 투자를 하기에는 아쉬움이 있다. 아무리 많은 기업에 투자해도 충분히 분산되었다고 말할 수 없고 하나의 자산에만 투자할 경우 그 자산이 폭락할 경우를 대비할 수 없기 때문이다. 그래서 시간이 많이 투자되는 투자일수록 분산 투자가 필요하다.

어떤 이들은 개별 기업에 단기적인 투자만 해야 한다고 말하는 사람들도 있다. 단타라고 불리는 주식 투자는 빠른 매매 기술이 있어야 가능하다. 언제나 시장에서 움직이는 파동에 대응할 수 있어야 한다. 하지만 어린아이부터 나이가 있는 성인까지 그렇게 시장의 파동에 빠르게 대응할 수 있는 기술을 가지고 있는 사람이 되는 것은 상당한 기간의 훈련이 필요하기 때문에 알맞은 투자 방법은 아니다. 그리고 오랜 기간 동안 살아남은 단타 투자자를 찾아보기 힘들다. 거센 시장의 파동에 휩쓸려 사라진 투자자들만 난무한다. 그러니 나는 처음부터 지수투자를 해야 한다고 강조하고 싶다.

투자라는 거대한 시장에 들어가면 안 보이던 것들을 볼 수 있다. 나에게 생각하는 힘을 키워준 가장 큰 스승은 사실 투자다. 지금까지 남들이 해야 한다는 공부만 하면서 살았다. 국어, 수학, 역사 등 시험에서 점수를 잘 받기 위한 공부를 해왔다. 하지만 성인이 되고 나서는 아무도 나에게 공부를 강요하지 않는다. 그저 회사에서 더 잘 살아남기 위한 자격증 공부 정도만 할 뿐이다. 하지만 투자를 시작하고 나서, 나는 정말로 내 삶에서 이렇게 열정적으로 공부했던 적이 있을까 싶을 정도로 투자 세계에 빠져들었다.

세상을 다르게 볼 수 있는 힘은 투자를 하면서 저절로 키워진다. 이를 반영하듯 많은 투자 명언이 같은 말을 하고 있다. 투자에서 유행을 타려고 하거나, 다른 사람들이 모두 같이 하고 있는 반응을 한다면 수익을 내기가 어렵다는 말을 하고 있다. 내가 가지고 있는 생각으로 세상을 바라보고, 투자 시장을 바라볼 때 우리는 수익을 내고 지킬 수 있다.

3

ETF는 저성장·저금리 시대에
가장 적합한 투자다

금리가 무엇일까? 금리는 한마디로 쉽게 말하면 '돈의 가치'이다. 은행에 오는 예금자들이 자주 하는 말이 있다.

"금리가 왜 이렇게 낮아요? 예전에는 이렇지 않았는데….."

70~80년대에는 은행에서 예금자들에게 주는 금리가 무려 20%였다. 그러니 열심히 돈을 모아서 은행에 저축을 하면, 정말 저축하는 재미가 있다는 말을 했다. 하지만 이제는 1%대 금리도 모자라 제로 금리까지 왔

다. 예금자들의 돈의 가치가 거의 땅에 떨어졌다는 이야기다. 그렇다면 왜 은행은 이렇게 금리를 계속 낮추는 것인지 생각해보자.

은행이 따라가는 한국은행의 기준 금리는 2020년 3월 0.75이다. 최근에 0.5P를 더 내렸다. 그리고 2020년 5월 0.5로 0.25P를 또 내렸다. 이렇게 한국은행은 금리를 따라 시중의 금융권 금리도 함께 내려간다. 예전에 기업들이 물건이 잘 팔려서, 설비를 늘리고, 투자를 늘릴 때는 돈이 필요했다. 그래서 은행에 높은 금리를 주고라도 돈을 빌려갔다. 하지만 각 기업들에 이미 충분한 돈이 있고, 물건도 예전만큼 팔리지 않는 저성장 시대에 굳이 돈을 빌려서 설비를 늘릴 이유가 없는 것이다.

기업들이나 개인들도 굳이 돈을 빌려서 새로운 도전을 하지 않으니, 대출을 받으려는 사람들은 줄어들고, 은행도 수익을 위해, 계속 금리를 내릴 수밖에 없다. 그런데 이런 상황이 이미 오래전부터 계속 되었는데도 사람들은 아직도 돈을 저축해서 모으려고만 한다. 환경과 상황이 바뀌었지만 더 나은 방법을 모르기 때문이다.

아는 만큼 수익이다. 나는 이 말을 좋아한다. 내가 세상을 모르고 살았을 때 나는 내가 아는 것에만 집중할 수밖에 없었다. 그래서 저축만이 살길이라며 아등바등 모았다. 지금이 어떤 세상인지 한번 같이 보았으면 좋겠다. 기업들은 투자를 하지 않고, 사내 유보금으로 돈을 쌓아두고, 개인들도 힘들 때를 대비해 계속 돈을 쌓아두고만 있다. 성장보다는 안전을 택하고 있다.

공무원을 준비하는 인구가 해마다 늘고 있고, 수명의 연장으로 노인 인구도 빠르게 늘고 있다. 사회가 도전, 성장, 젊음보다 안정, 저성장, 나이 듦에 더 익숙해지고 있다. 그러니 시중에 풀린 우리가 '돈'이라고 믿는 화폐는 가치가 계속 낮아진다. 중앙은행에서는 경기를 살리기 위해 돈을 더 풀고, 그 돈은 계속 어딘가로 흘러가는데, 다시 주머니 밖으로 나오질 않으니, 계속해서 저성장으로 빠진다.

여기서 우리가 하나 알아야 할 사실이 있다. 전 세계에서 가장 중요한 돈을 뽑아내는 기관이 미국의 중앙은행인 '연방준비은행'(이하 연준)이다. 연준은 달러를 발행하는 화폐 발행 권한을 가지고 있다. 그리고 미국의 기준 금리도 정한다. 사실 전 세계의 중앙은행은 연준의 기준 금리에 따라 영향을 받는다. 이렇듯 전 세계의 금융이 이제는 거의 하나의 시스템에 속하다 보니 이 기관의 역할이 얼마나 큰지 알고 있어야 한다.

내가 살아가는데 미국의 중앙은행이 금리를 내리든, 화폐를 발행하든 무슨 상관이냐고 묻는 사람들도 있다. 피부로 느껴지지 않으니 말이다. 하지만 실제로 우리나라의 자산들은 연준이 돈을 얼마나 풀었냐에 영향을 받는다. 돈의 가치와는 반대로 자산의 가치는 끊임없이 올라갔다.

1970년대에 달러가 금과 연관이 끊어진 이후, 달러가 엄청난 양이 발행이 되었고, 신용 화폐와 반대에 있는 자산들은 계속 상승했다. 대표적으로, 채권, 부동산, 주식이다. 미국의 연준은 달러를 발행하고, 미국 정부는 국채를 발행하여 연준의 달러와 바꾼다. 미국의 신용을 가진 달러가 전세계를 돌면서, 화폐의 역할과 안전 자산의 역할을 하고 있다.

사실 기축 통화의 지위는 우리가 생각하는 것보다 가장 큰 권한을 그 나라에 부여한다. 미국의 재무부 장관이었던 헨리 키신저가 했던 유명한 말이 있다. "군사력을 지배하면 한 나라를 지배하고, 에너지를 지배하면, 한 대륙을 지배한다. 그렇지만 화폐를 지배하게 되면 전 세계를 지배할 수 있다." 1944년 브레튼 우즈 체제에서 미국의 달러가 기축 통화 지위를 얻은 이후로 미국은 전 세계에서 명실상부하게 1위 국가가 되었다.

1971년 닉슨 대통령이 더 이상 달러를 금으로 교환해주지 않는다는 발표를 한 이후에도, 달러는 계속 기축 통화의 지위를 유지했다. 전 세계는 왜 금 보관증 역할을 하던 달러가 종이가 되었는데도 왜 여전히 달러를 통화를 인정한 것일까? 당시 미국의 재무부 장관이던 헨리 키신저의 역할이 컸다. 미국은 사우디아라비아에게 원유를 팔 때 달러를 결제 통화로 써주면, 사우디아라비아가 원하는 군사적 방어 역할을 해주기로 한 것이다. 그러니 전 세계에 원유가 필요한 모든 나라는 달러도 필요해진 것이다. 현재 석유 매매 시장과 해외에서 자주 사용되는 VISA 카드와

MASTER 카드 등 신용 카드 회사의 전표 매입 역시 미국 달러만 취급한다.

미국 달러 지수를 보면 1985년 플라자 합의가 있었던 때와 2002년 유로화 달러 출범 이후 급격한 하락을 하던 때가 있다. 이때 우리나라의 코스피는 크게 상승했다. 사실 주식뿐 아니라 부동산 자산도 크게 상승했다. 그렇다면 달러 지수는 왜 우리나라의 자산을 크게 상승시키고, 하락시키는 데 연관이 있을까?

앙드레 코스톨라니가 말했던 주식이 오르는 데 2가지 중요한 요소가 있다. 유동성과 대중의 심리이다. 유동성은 한마디로 경제에 돈이 흘러넘쳐서 주식시장까지 흘러넘치는 플러스가 나야 한다는 것이다. 그리고 대중의 심리도 세계 경제의 확장과, 평화 상태로 플러스가 되면 주식은 쉽게 오르게 된다. 그런데 둘 중의 하나라도 마이너스라면 주식시장은 횡보를 하고, 유동성도 안 좋고, 전쟁이나 질병 등의 이유로 대중의 심리가 안 좋아지면 주식시장은 하락한다고 했다.

달러화 지수는 유동성과 관련이 깊다. 미국의 달러가 약해지면 약해질수록, 미국 정부 입장에서는 빚이 줄어드는 효과가 있다. 미국 정부는 채권을 발행하여 달러와 교환하기 때문이다. 채권은 한마디로 나라의 빚이다. 그러니 달러화 지수가 내려갈수록, 빚이 줄어드는 효과가 있다. 그런 반면 달러가 내려가면, 투자자 입장에서는 달러가 아닌 올라가는 화폐에 투자를 하고 싶어진다. 예를 들어 원화가 올라갈 것이라 예상이 되면, 원화로 된 자산들에 투자를 하고 싶어 한다. 한국의 부동산, 국채, 주식이 대표적이다. 그중에서도 가장 외국인 투자자들에게 열려 있는 주식시장으로 갈 확률이 크다.

우리가 살고 있는 자본주의 시대에 누가 자본을 만들어내고 있는가에 대한 이해가 중요하다. 우리는 모두가 은연중에 돈을 만들어내는 기관에 대한 동의를 했다. 몰라서 했든, 알고서 했든 1970년 이후는 금융 자본주의 시대이다. 우리나라뿐 아니라 전 세계는 현재 저성장, 저금리에 빠져있다. 『FACTFULLNESS』라는 책의 저자 한스 로슬링이 TED 강연에서 보여준 통계는 정말 놀랍다. 우리가 생각했던 것보다 전세계는 모두 비슷하게 살아가고 있다. 이미 이머징시장이라고 하는 시장들조차 선진국들과 비슷한 수준의 고령화, 산업화가 모두 이루어졌다는 것이다. 그러니 앞으로 더 성장할 곳을 찾아 자본은 계속 이동하지만, 대부분의 나라는 이미 저성장, 저금리 시대에 접어들었다. 이런 시기에 투자는 이제 선택이 아닌 생존 전략이다.

4
펀드와 주식의
장점만 모았다

    빠르게 정보를 검색할 수 있는 컴퓨터를 매일 들고 다닐 수 있다면 얼마나 좋을까. 스마트 폰이 나오기 전까지는 누구도 그런 시대가 이렇게 빠르게 올 것이라고 예상하지 못했다. 하지만 스마트폰은 사람들의 삶을 급속도로 바꿨다. 이제는 누구든지 아침부터 밤까지 스마트폰과 함께한다.

    유용한 장점들을 모아 더 편리하고, 도움이 되도록 만드는 것이 기술의 진보다. 이미 발견된 발명품들도 사실 상품화가 못 되고 있는 것들도 많다. 누군가의 이익 때문에 시장에서 판매되지 못하고 있을 수도 있다.

처음 ETF가 나왔을 때처럼 말이다. 다수가 시장의 이익을 취할 수 있는 상품임에도 초기에 증권사들은 수수료가 낮다는 이유로 이 상품에 대한 마케팅을 꺼렸다.

지금까지 우리가 알고 있는 펀드는 액티브 펀드이다. 펀드 매니저가 잘나가는 주식이라고 생각하는 주식들을 담아 주머니를 만들어 금융 소비자들에게 판매하는 것이다. 어떤 주식을 사야 할지 알 수 없는 투자자들에게 쉽게 투자할 수 있도록 한 금융 상품이다. 그렇기 때문에 저축하듯이 펀드에 가입하는 사람들이 많다. 하지만 기간이 지난 후 오랜만에 방문한 증권사나 은행사에서 생각보다 펀드 수익률이 좋지 못해 한숨을 쉬고 있는 투자자들도 많다.

펀드를 가입하는 대부분의 투자자들은 어떤 생각으로 펀드를 가입하는 것일까? 저축만 하기에는 답답한 현실에서 조금이라도 나은 수익률을 위해 가입한다. 사실 증권사나 은행 창구에서 권하니까 가입하는 사람들도 많다. 어떤 상품인지는 잘 모르지만, 좋은 이야기들을 듣다 보니 지금보다는 낫겠지 하는 희망을 가지고 가입한다. 하지만 내 돈을 가장 소중하게 여기는 사람은 나 자신이다. 투자를 맡겨두고 아무런 관심도 없고, 노력도 하지 않으면 생각보다 못한 수익을 가질 수도 있다.

더 나은 방향, 더 좋은 것을 위한 기술들은 항상 우리의 삶을 바꿔 왔다. 기존에 이미 있는 방식이 아닌 새로운 상품이 나오면 사람들은 세 부류로 나뉜다. 혁신을 받아들이는 사람, 혁신을 묻어 두려는 사람, 모르고 지나가는 사람이다. 결국 받아들이는 사람들에 의해 계속 상황은 변하고, 몰랐던 사람들도 알게 된다.

그래서 사실 입소문이 무서운 것이다. 정말로 좋은 상품들이나, 삶을 바꾸는 혁신들은 입소문을 통해 빠르게 퍼진다. 실제로 해본 사람들의 경험담이 계속 주변으로 전해지기 때문이다. 게다가 요즘은 사람들이 자신의 체험을 통해 얻은 정보를 SNS를 통해 빠르게 공유한다. 여러 매체들로 모든 사람들의 상황이 실시간으로 올라온다.

그러다 보니 ETF도 사실 사람들에 의해 알려지게 되었다. 직접 거래를 해보고 운용을 해본 투자자들이 장점을 알고 계속 알려온 것이다. 이제는 증권사들도 너도 나도 ETF 투자를 하려는 투자자들을 잡기 위해 최근에서야 마케팅을 하고 있다.

ETF는 펀드처럼 주식을 모아둔 주머니이다. 다만 추종하는 자산의 지수를 그대로 따라가는 커다란 주머니이다. 그러다 보니, 분산 효과를 가장 최적화된 상태로 누릴 수 있다. 주식으로만 해도 200개 기업을 담은 KOSPI200 지수를 담을 때 필요한 금액이 1만 원에서 2만 원대로도 투자가 가능하다. 소액으로 최고의 분산 효과를 누릴 수 있게 되었다. 게다가 투자 자산군을 주식뿐 아니라 다양한 자산으로 배분할 수도 있다.

채권 투자를 위해 목돈이 필요했지만, ETF가 소액으로도 투자할 수 있도록 개인 투자자들에게 문을 열어주었다. 그러니 우리는 이 상품을 통해 자산 운용을 안정적으로 할 수 있게 되었다. 그런데도 많은 사람들이 아직도 ETF를 알지 못한다. 나는 ETF를 알면 더 많은 방법으로 노후를 위한 연금을 만들 수 있음을 알리고 있다.

많은 투자자들이 주식을 샀다가 파는 매매의 영역으로만 생각한다. 물론 자신만의 매매 방법도 있어야 하지만, 정말 중요한 것은 내가 투자하는 자산에 대한 믿음도 있어야 한다. 그렇지 않으면, 투자를 하다가 생기는 여러 가지 변수에 계속 흔들리기 때문이다.

지수 투자를 하는 이유도 이런 이유가 크다. IMF가 왔을 때도, 기업들은 흔들렸지만, 혁신하는 기업들도 생겨났다. 시장에서 계속 발전하는 기업들이 시장을 이끌어왔다. 그러니 지수 전체를 투자한다는 것은 발전하는 기업들에 투자하는 것이다. 내가 시장 안에서 기업들이 계속 성장을 하고, 나라가 망하지 않는 한 반드시 하락기가 지나고 나면, 상승기가 온다는 믿음이 있다면, 흔들리지 않고 투자할 수 있다.

ETF는 태생부터 투자자를 위해 만들어진 상품이다. 금융 상품들은 사실 잘 들여다보면 상품을 만든 회사를 위해 존재하는 목적이 더 크다. 하지만 ETF라는 상품은 인덱스 펀드를 주식시장에 상장시켜놓은 것이다. 인덱스 펀드를 만든 존 보글은 자신의 저서 『모든 주식을 소유하라』에서 이렇게 말한다.

"펀드 업계가 새로운 펀드를 내놓거나 과도한 판촉전을 벌이는 일을 조만간 포기하리라 기대하기는 어렵다. 따라서 그동안 단기적 관점에서 역생산적인 행동만 취하던 투자자가 현실을 인식하기까지는 시간이 좀 걸릴 것이고 직접적 경험도 필요할 것이다. 그러나 현명한 투자자라면 비용의 최소화뿐 아니라 투자 결정이나 행동에서 감정적 요소를 배제하라는 충고에도 귀 기울여야 한다. 다시 말해 투자자는 시장 변동에 즉각적으로 반응하는 단기적 행동을 개선해야 한다.

인덱스 펀드의 장점은 비용 수준이 낮다는 외에도, 많은 것을 약속하는 과대 선전에 혹해서 '쭉정이' 펀드를 선택할 위험성을 낮춰준다는 데 있다. 장기적 관점에서 주식시장에서 나오는 단기적 '잡음'을 최대한 무시하면서 당시 유행하는 펀드를 피해가려는 인덱스 펀드야말로 투자자에게 장기적인 수익을 안길 유일한 희망이다. 인덱스 투자에는 감정이 개입될 여지도 없다. 투자의 성공 공식은 인덱스 펀드를 통해 주식시장

전체를 소유하고 그 다음에는 아무 것도 하지 않는 것이다. 그 상태를 줄곧 유지하기만 하면 된다."

펀드 수수료로 이익을 취하던 기존의 거대 금융 회사들은 존 보글의 이런 투자 바탕을 달가워하지 않았다. 투자를 해서 이익이 투자자에게 가야지, 관리하는 투자 관리자들이 모두 이익을 취해버리면 어떻게 하겠냐며, 인덱스 펀드를 처음 만들고 나서 수익은 모두 다 다시 상품을 개발하고 알리는 데 바쳤던 인물이다.

ETF는 펀드처럼 분산 효과를 누릴 수 있고, 운용 수수료와 세금을 줄여 비용이 저렴하다. 게다가 주식처럼 사고팔 수도 있다. 소액으로 운용이 가능하여, 적은 금액으로도 바로 주식 투자를 시작할 수 있다. 주식과 펀드의 장점을 모두 가지고 있는 21세기 최고의 혁신 금융 상품인 ETF를 두고 다른 곳에서 헤매고 있는 투자자들에게 자신있게 이야기한다. 지금 당장 ETF 투자를 시작하라!

5

소액으로 우량주에
분산투자 가능하다

개인 투자자들이 주식 투자에서 좋아하는 말은 우량주이다. 위기 속에서도 살아남을 기업, 몇 년 동안 성장을 하며 꾸준한 수익을 내는 기업들을 자신의 포트폴리오로 담고 싶어 한다. 하지만 어떤 기업들이 위기를 견뎌낼지 알 수 있는 투자자는 없다. IMF때 2위였던 대우도 외환위기를 못 버티고, 공중 분해되었다. 기업을 운영하는 사장들도 이렇게 말한다. 나도 이 회사가 어떻게 될지 모르지만, 오늘도 열심히 사업을 할 뿐이라고 말이다.

종목과 시장 타이밍까지 모두 잘해내려 하면 머리만 아프다. 직장 다니랴, 가정에 오면 아이 돌보랴, 주식 공부할 틈도 없다. 전문 투자자도 하기 힘든 투자를 하려고 하니 호기롭게 주식 투자를 하다가 계속 손실이 나면, 포기해버린다.

최근 네이버의 성장세가 가파르다. 시가 총액 10위권 안에 포진한 대부분의 기업들이 제조업인 상황에서 네이버는 유일하게 서비스 기업으로 2020년 5월 기준 4위에 이름을 올렸다. 최근에 본 뉴스에서 쇼핑 업계에서 네이버 스마트 스토어의 쇼핑업 장악을 보며, 빠르게 시장을 빠져 나가려고 한다는 기사를 보았다.

현재 분당에 있는 한투협 센터에서 조금만 가면 네이버 사옥이 보인다. 바로 옆에 쌍둥이 빌딩으로 올라가고 있는 것을 보며 네이버가 조만간 삼성과 어깨를 나란히 하는 기업으로 성장할 수 있을 것이라는 상상을 했다.

사실 우리나라는 현재 삼성전자와 SK하이닉스가 제조하고 있는 반도체를 수출한 이익이 주 수입원이다. 수출의 70%가 반도체가 차지하고 있으니, 삼성이 흔들리면 우리나라도 함께 흔들린다고 할 수 있다. 10위권 안의 기업들의 시가 총액이 20조 정도인데 비해 삼성은 300조가 넘는 시가 총액을 자랑한다.

90년대 시가 총액 1등이었던 한국 전력은 17위에 있다. 당시 9등이었던 삼성전자는 반도체 시장의 힘입어 가파른 성장을 이루었다. 주식 투자를 하면서 알고 있었는가? 시장에서의 선두주자는 언제든지 바뀔 수 있다. 기술의 발전과 시대에 따라 바뀌는 것이 자연스러운 현상이다.

투자자는 내가 평생을 벌어 투자할 돈이 어디에 투자되어야 할지를 정해야 한다. 대부분의 투자자들은 아침부터 밤까지 투자 시장만 들여다볼 수 있는 상황이 아니다. 생계를 위해 일을 해야 하고, 가족을 돌보아야 하고, 자신의 삶에 집중해서 살다 보면 투자는 뒷전이 되기가 쉽다. 그런데 시장은 무섭게 변한다. 그러니 넣어두고 시시각각 변하는 상황에 따라 관리하지 못할 투자자라면, 개별 종목으로 투자를 할 때 위험성이 크다.

가장 대표적인 ETF 상품은 국내 시장에서 잘나가는 200개의 기업인 KOSPI200지수를 따라가는 ETF이다. 운용사마다 ETF 이름은 다르지만, 시가 총액이 가장 높은 ETF는 삼성자산운용에서 나온 KODEX200이다. KODEX200을 담는 투자자들은 뛰어난 장점을 취할 수 있다.

소액으로도 충분한 분산 효과를 누릴 수 있다는 것이다. 1만 원~2만 원이면 우리나라에서 가장 잘나가는 주식을 모두 소유하게 된다. 어떤 주식이 잘 되고, 어떤 회사가 잘 못나가는지 직접 관리하며 시간과 돈을 들여 관리하지 않아도 된다. 가장 저렴한 수수료 0.1~0.2%의 수수료를 받고 운용사에서 관리를 해주기 때문이다. 게다가 국내시장 ETF는 세금도 없다.

그와 함께 개인 투자자들에게 인기가 많은 상품이 KODEX 레버리지라는 상품이 있다. 이 상품은 KODEX200의 일간 지수를 2배로 추종한다. 그렇기 때문에 위험성도 2배이지만 수익을 낼 경우 2배의 수익을 취할 수 있어 인기가 많다. 레버리지 상품을 운용하는 투자자들은 좀 더 부지런해야 한다. 그저 넣어놓고 기다리기만 하는 투자를 해서는 안 된다.

하지만 상품의 가격을 비교해보면 2020년 5월 기준으로 KODEX200은 25,000원, KODEX레버리지는 대략 1만 원 수준이다. 만약 10만 원으로 매달 주식 투자를 한다고 했을 때, KODEX200은 4주, KODEX레버리지는 10주를 살 수 있다. 하지만 내가 KODEX레버리지를 KODEX200만큼만 들고 있겠다고 결정하면 2주를 2만 원에 사고 현금을 8만 원 보유할 수도 있다.

나는 주식 투자를 하면서 현금 보유의 장점을 뼈저리게 느꼈기 때문에, 레버리지를 가지고 가는 투자를 하고 있다. 대신 무조건 들고 나서 계속 묻어두는 투자가 아닌 경기 상황에 맞추어 매달 조절을 하는 투자를 하고 있다.

주식 투자를 하면서 가장 어려운 점이 종목 선택과 시장 타이밍이다. 나는 둘 다 맞출 수 있는 사람은 거의 없다고 인정했다. 그래서 종목을 시장 전체로 가지고 가되, 타이밍을 내가 정한 기준에 따라 맞추면서 투자해야겠다고 다짐했다.

주식 투자자들은 종목과 타이밍을 모두 자신이 맞출 수 있을 것이라는 생각으로 주식을 시작한다. 하지만 경험이 많은 투자자들이나, 기관 투자자, 외국인 투자자들도 할 수 없는 것을 지금까지 주식 투자를 한 번도 안 해본 개인 투자자가 해낼 수 있을 리 없다.

이성적인 생각을 가지고 주식을 하게 되면 주식은 싸게 사서 비싸게 파는 투자를 해야 한다는 사실을 알 수 있다. 하지만 내 돈을 넣어 투자를 하다 보면 감정에 휘둘리게 될 때가 많다. 감정은 항상 주식이 마구 올라갈 때 나를 두고 갈까 봐 주식을 사고 싶고, 떨어지면 두려운 마음에 빨리 빠져 나오고 싶게 한다.

워런 버핏이 말하는 이른 바 4E에 대해 들어본 적이 있을 것이다. "주식(Equity) 투자자의 최대의 적(Enemy)은 비용(Expense)과 감정 (Emotion)이다."

ETF를 택하고 나서 나는 비용을 현저하게 낮출 수 있었다. 게다가 크게 보고 가는 투자를 하면서 감정 또한 조절할 수 있었다. 여기까지 오기까지 더 많은 수익, 더 빠른 수익을 위해 발버둥쳤던 나날을 돌이켜보면, 항상 같은 함정에 빠졌다.

내가 감당할 수 있는 변동성이 아닌 곳에 너무 큰돈을 넣는 상황이었다. 위 아래로 등락이 심한 곳에는 반드시 내 자산의 5%, 10% 이내로 한정을 지어두고 들어가야 한다. 그렇지 않으면 한순간에 흔들리게 된다. 이러한 원칙을 가지게 될 수 있었던 것도 여러 번 당해봤기 때문이다.

주식을 무조건 목돈을 모아 큰돈으로 시작하려고 하지 말자. 작은 돈이라도 투자할 수 있는 시대가 되었다. 간편하게 핸드폰으로 증권사 어플만 깔면 투자를 할 수 있는 바야흐로 직접 투자의 시대가 열린 것이다. 내가 조금만 관심을 가지고 행동하면 바로 실행할 수 있다. 이 책을 보고 있는 순간에도 충분히 할 수 있다. 도저히 어디서부터 해야 할지 모르는 투자자들에게는 〈한국주식투자코칭협회〉에 들어와 공지 글을 먼저 읽어보면 큰 도움을 얻을 수 있을 것이다. 그래도 모르겠다면 010-3667-3885로 연락하면, 강의나 컨설팅 중이 아니라면 바로 답변을 줄 수 있다.

6

ETF는 경제 위기에도
살아남는다

　시련이 없는 성장은 없다. 삶에서도 시련이 오면 사람들은 처음에 당황한다. 그렇지만 이내 이겨낼 방법을 생각하게 된다. 이전까지는 생각하지 못한 방식을 생각하게 된다. 그렇게 성장하고, 더 높은 곳으로 갈 수 있다.

　주식 투자를 하며 위기를 두려워만 하면 나아갈 수 없다. 주식의 수익은 리스크에 대한 보상이다. 아무런 위험을 감수하지 않으려 하면, 위기에 빠지지 않을지도 모르지만, 점차적으로 영향을 받게 된다. 어떤 위기이든 시장에서는 혁신과 성장이 반복적으로 일어난다.

내 인생의 위기는 23살 미국에서 홀로서기를 하면서 왔다. 생활비를 벌면서 말도 통하지 않는 곳에서 온전히 나의 힘으로 살아야 했다. 그래서 비행기에서 내려 3일 만에 아르바이트를 구했고, 그곳에서 일을 하며 어학원을 다녔다.

그동안 나는 부모님이라는 큰 울타리 안에서 일어나는 작은 일들만 해결하면서 살아 왔음을 깨달았다. 그리고 앞으로는 내 스스로 헤쳐나가야 할 문제들이 많아질 것이란 생각을 했다. 그럴 때마다 잘 해나가기 위해서는 무엇이든 망설이지 말고, 해결할 수 있는 방안이 떠오르면 바로 실행하기로 마음먹었다. 나는 위기에 강하다. 사실 마음대로 되지 않는 상황이나 문제 상황이 닥치면 의기소침해 있기보다는, 이미 벌어진 이 일을 어떻게 하면 잘 해결할 수 있지? 어떤 방법이 더 좋을까? 바로 생각해보고 실행한다. 그런 상황들마다 내가 겪은 경험들은 나에게 큰 자산이 되었다.

어려움을 극복해나가는 힘. 그 힘이 원동력이 되어 성장할 수 있게 된다. 주식 투자를 하면서 어려움은 계속 닥친다. 수익을 내기 위해 스스로 생각하는 힘을 키우지 않으면, 어느 돌부리에든 걸려서 넘어지고, 결국 포기하게 되는 사람들이 대부분이다. 도전을 하면 실패는 당연하다. 하지만 실패를 했다고 해서 포기할 것이 아니라 더 나은 방향으로 가라는 신호로 받아들인다면 어떨까?

최근에 읽었던 책 중 『지중해 부자』라는 책에서 나오는 지중해 부자는 주식으로 크게 돈을 벌어서 성공한 사람이었다. 주식으로 성공하기까지 사업에 실패하여 자살을 하려다 아들이 말려서 살게 된 순간, 몇 번이고 힘들게 일어날 때마다 찾아온 사람들의 배신과 시련은 지중해 부자를 더욱 강하고 단단하게 했다.

맨 처음 책을 쓴 박종기라는 사람이 지중해 부자를 만나 계속 부자가 되는 법에 대해 알려달라고 한다. 쉽게 말을 꺼내지 않던 부자가 되묻는다. 그러면 너는 어떻게 해야 부자가 될 것 같은지 대답해보라고 말이다. 저자 박종기 씨는 "열심히 하면 되지 않을까요?"라고 대답했지만, 지중해 부자는 이렇게 말한다.

"부자가 되려면 체력부터 키워라! 부자가 되려면 시간도 걸리고, 신경써야 할 것도 많다. 그것을 감내하려면 체력이 있어야 부자가 될 수 있다. 사람은 무엇을 하든 체력 한계를 넘을 수 없다. 몸이 피곤하면 만사가 귀찮아지고, 그런 게 반복되면 스스로 도태된다. 성공하는 사람은 열정적이다. 그 열정은 어디서 나올까?"

처음 이 책을 들고 나서 순식간에 빠져들었다. 부자가 되기 위해 가장 필요한 것이 체력이라고 말하는 혜안에 놀랐다. 수많은 시련들을 견디고 성공한 자수성가한 부자들은 모두 체력과 열정이 있는 사람들이었다. 그러니 정말 그의 말대로 체력은 중요하다.

한 사람의 인생에도 몇 번의 위기와 고비가 찾아온다. 나라 경제도 마찬가지이다. 꽃피는 시기가 있으면, 시드는 시기도 있고, 바람이 부는 시기도 있다. 그런 순간들마다 약한 부분이 터지게 되기 마련이다. 사람마다 스트레스를 받으면, 아픈 곳이 있다. 어떤 이는 배가 아프고, 어떤 이는 호흡기에 염증이 오고, 각각 약한 부분이 먼저 반응하는 것이다.

한 국가의 흥망성쇠 또한 그 나라의 약한 부분들이 먼저 터져나온다. 하지만 그렇다고 해서 그 나라가 쉽게 망하거나 하진 않는다. 내가 나라 지수에 투자하는 이유는 간단하다. 어떤 나라든지 강점이 있고, 그 나라의 시장 지수는 살아남은 자들과 성장하는 자들이 이끌어갈 것이라는 믿음이 있기 때문이다.

자유 시장 경제에서 기업은 계속 성장한다. 새로운 기술과 혁신, 문화에 맞추어 새로운 기업들이 계속 생겨나고, 도태되는 기업은 사라진다. 그러한 기업이 어떤 기업이 될지 나는 모른다. 아무리 잘나가는 기업이어도 갑작스러운 위기나, 내부적인 문제로 사라질 수도 있다. 특히 우리나라의 경우 기업에 적용되는 법이 까다롭기 때문에, 경영자들 입장에서 기업을 이끌어나가는 것은 굉장히 어려운 일이다. 그러니 매순간 최선을 다해 열심히 할 뿐이지, 몇십 년, 몇백 년 동안 살아남을 기업으로 있을 수 있다고 확신하는 경영자는 없다.

자유 무역 체제가 활성화되던 시기에 가장 수혜를 입은 나라 중에 한 나라가 우리나라다. 가지고 있는 자원도 없고, 자본도 없던 우리나라는 외부에서 자본을 끌어와, 자원을 수입하여 가공품을 만드는 일을 해야 했다. 그렇기에 처음 발전하던 시기에 가내수공업으로 만들 수 있는 제품들을 값싼 노동력을 이용해 만들었다. 당시에는 제품을 만들기만 하면 팔리던 시기로, 기업들은 돈을 빌려 설비 투자를 계속했다.

그 거대한 자금은 어디서 왔을까? 김영삼 대통령 시대에 금융 혁신은 당시 우리나라도 제조업 국가에서 금융 강국으로 일으키고 싶었던 포부가 담겨 있다. 하지만 문제는 우후죽순으로 생겨난 종합금융회사(종금사)와 은행들은 달러를 싸게 단기 자금으로 빌려와 기업들에게 장기 대출을 해주었고, 그 비율이 대기업은 300%~500%에 달했을 때, 달러가 다시 본국으로 돌아가기 시작했다. 한마디로 단기 채권을 연장해주지 않고, 모두 달러로 다시 내놓으라고 하는 시기가 왔었던 것이다.

당시 태국에서 먼저 금융 위기가 터졌고, 외환 보유고를 믿고 있던 김영삼 대통령은 우리나라는 괜찮을 것이라 국민들을 안심시켰지만, 결국 우리나라도 IMF 체계로 들어가는 외환위기가 왔다. 그 이후 우리나라 주식의 외국인 지분율을 10%로 제한했던 보호법이 풀리고 100%로 바뀌며, 우리나라의 주식시장도 세계 금융에 편입되었다.

우리나라 주식시장에 투자한다고 해서 우리나라 시장만 보고 있으면 안 된다. 우리나라는 수출을 해서 먹고 사는 경제 구조를 가지고 있고, 주식시장 또한 종속되어 있다. 그러니 세계에서 가장 큰 시장인 미국을 보고 있어야 한다.

기축 통화인 달러가 세계를 향해 풀리고 있는지, 다시 미국으로 돌아가고 있는 시기인지에 따라 자본의 이동을 확인하면서 투자할 줄 알아야 한다. 돈의 흐름에 따라 투자를 하게 되면, 너무 짧은 시간이나 잠깐의 변화에 스트레스 받지 않고 투자할 수 있다. 위기가 온다고 해서 모든 나라가 한 번에 망할 수 있을까? 전쟁이 나고, 부도가 나도 각 나라들은 위기를 헤쳐나가며 지금의 상황까지 헤쳐나왔다. 투자를 하면서 기업을 믿고 투자를 할 것인지 나라를 믿고 투자할 것인지는 본인의 마음이 더 편한 쪽으로 선택하면 된다. 하지만 나는 수많은 기업보다는 나라를 먼저 보면서 투자하는 것이 더 안전하고 편안한 투자라고 생각했다. 살아남은 기업들을 수시로 반영해 주는 ETF는 경제 위기에도 살아남을 투자 상품이다.

4장_월급쟁이 당신에게 ETF를 강력 추천하는 6가지 이유

Exchange
Traded
Fund

5장

연평균 수익률 20% 만드는 ETF 성공 투자의 기술

1
주식과 채권, 현금을
소유하라

　주식 투자라고 하면 어떤 기업을 담아야 할지 고민하는 것부터 시작하게 된다. 내가 처음 주식을 시작했을 때 익숙한 기업들을 사게 되었다. 그렇게 수익을 내고 지키기 힘들어지자, 더 새롭고 어려운 상품들을 도전해보게 되었다. 주식뿐 아니라 거래가 가능한 상품들은 모두 해보자고 생각해서 수익을 쫓아서 이리저리 헤맸다. 그러다 ETF를 만났다.

　ETF 투자를 하면서 얻은 전략 중 가장 기본이 된 것은 자산 배분이다. 주식으로만 수익을 내려고 하면 주식이 흔들리는 시기나, 시장이 주식에 우호적이지 않은 시기에는 어떤 주식을 사든 수익을 지키기 어려웠다.

시장은 하락할 수도 있고 횡보할 수도 있다. 하지만 길게 보면 시장은 항상 성장하고 있다. 그렇기 때문에 주식의 시기를 내가 판단하여 맞추는 양 매수 투자는 위험하다. 양 매수는 떨어질 것 같으면 풋옵션, 선물 매도, 인버스를 사고, 올라갈 것 같으면 콜옵션, 선물 매수, 레버리지를 사는 투자를 말한다. 그런 경우 아무도 시장의 단기적인 흐름은 알 수 없기 때문에 오히려 감정 매매로 인한 손실만 커진다.

하지만 시장이 우상향한다는 확실한 믿음이 있다면, 정방향 투자를 하는 것이 가장 합리적이다. 경기가 회복되고 좋아져서 주식이 많이 올라갈 때는 주식을 더 많이 가지고 있고, 경기가 안 좋아지면 채권을 더 많이 들고 있는 것이다.

두 자산으로만 굴려도 되지만 나는 적립식 투자를 하면서, 항상 일정 비율은 현금을 들고 있다. 이 현금이 쌓이다 보면 목돈이 되고, 투자한 자금도 목돈이 된다. 그렇게 목돈이 투자 시장에 들어가 있는 시기는 내가 정해둔 룰에 따라 유동적으로 움직여준다. 대부분의 시간은 적립식 투자를 하지만, 목돈을 투자하는 경우는 시장의 상황에 따라 내가 흔들리는 않는 경우에만 넣는다. 그렇기 때문에 안전하게 자산 시장에서 수익을 내고, 편안한 투자를 할 수 있다.

주식, 채권, 현금을 보유하는 투자 전략은 퀀트 투자를 하다가 알게 되었다. 통계를 이용한 계량 투자인 퀀트에 빠져있을 때 알게 된 포트폴리오 비쥬얼라이제이션이라는 사이트에서 본 우상향하는 그래프를 보고 나는 유레카를 외쳤다. 유대인들이 자산 관리를 할 때 가장 기본적으로 하는 방법이 주식, 채권, 현금, 금을 25%씩 가지고 가면서 1년에 한 번씩 비중만 조절을 해주었을 뿐인데도 경제 위기에도 급하게 꺾이지 않고 꾸준한 수익을 가진 우상향 그래프가 역사적으로 증명되어 있었다.

많은 부자들이 실제로 자산 배분투자를 하고 있다. 과거에는 주식에 충분한 분산투자를 하기 위해서 수많은 주식을 보유해야 했다. 또한 채권 투자는 억대의 자산이 있는 부자들에게만 접근할 수 있고 열려 있는 시장이었다. 자산 배분투자를 하기 위해 돈이 많아야 가능했던 시기는 이제 지나갔다. ETF가 모든 자산군을 지수로 만들어주었기 때문이다. 아주 적은 소액이라도 자산 배분투자를 할 수 있게 되었다.

우리나라에서도 가장 대표적인 자산인 주식과 채권에 투자를 할 수 있게 된 것은 그리 오래되지 않았다. 우리나라에서 채권을 국가 채권인 국채가 발행되기 시작한 것이 얼마 되지 않았기 때문이다. 자산가들이 선호하던 안전 자산인 채권을 ETF가 개인 투자자들에게 시장을 열어주었다. 7만 원 대로 장기 채권도 투자할 수 있게 된 것이다. 자산 배분투자에서 가장 중요한 것은 심하게 요동치는 주식시장을 보완해줄 자산군이다. 하루하루 변동성은 작지만 저금리 시대에 꾸준히 올라가는 채권 자산은 주식 자산을 가장 잘 보완해줄 수 있다.

주식을 처음 시작할 때 종합 계좌 하나를 열어두고 모든 돈을 한 계좌에 넣는 투자자들이 많다. 나 역시 처음에 그렇게 투자를 했다. 문제는 주식을 사고팔 때마다 전부 매수와 전부 매도를 누르는 습관이었다.

마구잡이식으로 투자를 하다가 어느 날 내 상황을 정리해야 할 필요성을 느꼈다. 그래서 노트를 한 권 사와서 투자 노트를 쓰기 시작했다. 그렇게 매매 기록을 하다가 여러 잘못된 투자 습관을 발견할 수 있었다. 그중에 하나가 종합 계좌의 잔금을 충동적으로 자주 전부 매수를 한다는 것이었다. 그래서 나는 바로 CMA 계좌를 하나 개설했다.

월급이 들어오면 투자할 금액을 정해서 종합 계좌에 넣어두고 나머지 금액은 CMA에 옮겼다. 그렇게 하니 확실히 충동적으로 매매하는 경우가 줄었다. 투자 노트는 지금까지 내가 겪어온 주식 투자의 기록이다. 그동안 아무렇지 않게 판단을 내리던 생각들을 정리해보기 쉽다. 어렵게 쓸 필요도 없다. 매수하는 종목과 매수한 단가를 쓴다. 가지고 있던 주식을 팔 때도 왜 팔았는지를 쓴다. 그때의 감정을 그대로 쓰고, 어떤 식으로 매수하고 매도했는지를 쓰면 된다.

내가 그렇게 전부 매수를 한 이유를 생각해 보면, 현금을 가지고 있으면 왠지 손해가 나는 기분이었기 때문이다. 투자를 시작하고 나서부터는 모든 돈을 끌어와 다 투자하고 싶었다. 그래야 빨리 더 많은 돈을 벌 수 있을 것이라 생각했다. 그러다 보니, 분할해서 매수하거나 매도할 생각은 하지 못하고, 계속 무리한 투자를 했다. 감정적인 매매가 잦아지고, 수익률이 떨어졌다.

　현금의 중요성은 투자를 계속하다 보면 깨닫게 된다. 정말로 투자금이 크게 들어가도 되는 타이밍은 사실 그렇게 길지 않다. 경기가 확연하게 안 좋아지는 시점이나, 회복되어 실적이 받쳐주는 시점은 길지 않기 때문이다. 대부분이 그저 그런 경기 상황이다. 나는 한참을 투자하면서 적립식으로 투자하는 시기와 현금을 가지고 있다가 쏴야 할 시기를 나누어 투자하는 것이 오히려 더 수익률에 좋은 영향을 준다는 것을 알았다.

　나는 초보 투자자들도 처음 계좌를 개설할 때 종합계좌와 CMA 계좌를 동시에 개설할 것을 권한다. 나는 이 투자방식을 분할 계좌 투자법으로 부른다. 내가 한 달에 들어가는 투자금이 100만 원이라고 예시를 들어보자. 그러면 그중 70%는 종합 계좌에 넣어두고 30%는 CMA에 모은다. 내 나이만큼 현금을 보유하는 방식을 기본적으로 선택하는 것이다. 그러면 매달 70%는 주식과 채권을 사게 되고, 30%는 현금이 쌓이게 된다.

1년 동안 만약 적립식으로 투자를 했다면 360만 원의 현금이 CMA에 들어 있게 된다. 그러다가 우리나라 경기가 회복되어 경기 지표들이 살아나고 있다는 시그널들이 연속적으로 보이면, 비축해놓은 현금도 함께 투자를 한다. 정말로 내가 확신이 있는 순간에만 투자금을 더 늘리는 것이다. 그렇게 투자를 하면, 스스로 가지고 있는 믿음이 있기 때문에 단기적인 흐름에 흔들리지 않게 된다. 주식시장은 파동이다. 멀리 보면 큰 파동이 있고, 작게 보면 또 다른 파동들이 계속 이어진다. 어디에 집중할지는 본인이 결정해야 한다.

장기 투자도 해보고, 단기 투자도 해보고, 여러 투자를 해보면서 자신에게 맞는 방법을 찾아가게 된다. 투자 기간을 정하는 것 또한 의사결정이다. 투자를 시작하고 나서 많은 사람들이 그 기간을 찾는 데 오랜 시간이 걸린다. 그러다 포기하는 투자자들도 많다. 하지만 기본적으로 투자는 멀리 볼수록 마음이 편해지고, 짧게 볼수록 조급해진다. 그래서 단타 투자를 하던 투자자들도 시간이 지날수록 크게 보는 투자를 주 투자로 하고, 배분하여 둔 자산으로만 단타 투자를 한다.

주식과 채권, 현금을 소유하라. 그리고 장기적으로 우상향하는 수익률 곡선을 나의 연금 파이프라인을 만드는 가장 강력한 무기로 만들어라.

2
NAV는 비교 후
매수하라

나는 성격이 급하다. 생각나는 일이 있으면 몸이 먼저 움직인다. 그러고 나서 '아 그걸 놓쳤네.'라고 생각하고 다시 급하게 수정한다. 그렇게 일을 하다 보면, 가끔 처음부터 다시 모든 것을 되돌려야 할 때가 있어 피곤해진다. 하지만 이런 나의 성격의 장점은 빠르게 행동을 하다 보니 안 해서 후회하는 일이 적다는 것이다.

처음 은행에 들어가서 일을 하면서 가장 힘들었던 부분이 꼼꼼하게 실수하지 않고 일하는 것이었다. 돈에 관련된 일이다 보니 작은 실수도 용납되지 않았다. 그래서 한 번 더 숫자를 보고, 체크하는 습관을 키워야

5장_연평균 수익률 20% 만드는 ETF 성공 투자의 기술

했다. 살아남기 위해서 부단히도 애썼다. 예전 같았으면 빠르게 한 번에 업무를 하고 바로 했을 일을, 한 번 더 체크하는 습관을 가지게 되었다.

덕분에 실수를 자주 하던 업무 태도를 많이 보완할 수 있었다. 성격이 바뀌진 않아서 빠르게 하고 나서 다시 한 번 체크하는 것만으로도 이전보다 훨씬 정확도를 높일 수 있게 된 것이다. 잠깐의 시간으로 효율성을 높인 것이다.

행동을 할 때 의식적으로 내가 원하는 행동을 반복하면, 비슷한 행동을 하는 순간에 무의식적으로 반복적인 행동을 하게 된다. 그것이 습관이다. 나는 ETF 매수를 보통 오후 1시가 지나서야 한다. 거래량이 많은 오전에는 어떤 주식이든 높은 가격이 형성되어 있는 경우가 많기 때문이다. 그래서 매달 반복적으로 매수를 해야 하는 입장에서 오후 시간대가 덜 부담스럽다.

매수하기 직전 ETF의 NAV를 확인해본다. NAV는 Net Asset Value의 약자로 이 ETF의 순자산가치를 의미한다. ETF는 많은 주식들이 담겨 있는 주머니라고 생각하면 편하다. 이 주머니를 운용사가 만들어서 시장에 다시 내놓으면, 시장 참여자들의 의사결정에 따라 가격이 다시 정해지는 것이다. 그러다 보니, 주머니 안에 있는 주식들보다 주머니가 인기가 많아지면 NAV보다 주머니 가격이 높을 때가 있다.

운용사에서 실시간으로 NAV를 올려주기 때문에, 순간적으로 NAV보다 ETF 가격이 높다면, 조금 기다렸다가 사도 늦지 않는다. 우리는 ETF로 단타를 할 것이 아니기 때문에 굳이 조금이라도 높은 가격이 형성되었을 때는 매수하지 않고 기다렸다가 사도 된다.

ETF투자 시 어떤 ETF를 사야 할지 모를 때는 한 가지는 명심해 두어야 한다. 운용사 입장에서 ETF를 계속 만들어서 시장에 내놓게 되는데, 수천 가지 ETF 중에 시장에서 거래가 활발하게 일어나는 ETF는 소수다. 거래량이 충분한 ETF를 거래해야 하는 이유는 비용 때문이다. 내가 산 ETF가 아무도 사겠다고 하는 사람이 없다면 유동성을 공급해주는 운용사와 거래를 해야 한다.

운용사는 이 ETF가 시장에서 거래가 되도록 LP라는 유동성 공급 역할을 한다. 하지만 운용사와 거래를 하게 되면 내가 생각했던 것보다 가격을 유리하게 사고팔 수 없게 된다. 그러니 시장에서 인기가 있는 거래량이 충분한 ETF로 거래를 하는 것이 낫다.

직장인들이 제일 좋아하는 요일은 금요일이다. 일주일에 5일을 자신이 하고 싶은 일이 아닌 돈을 벌기 위한 수단으로 어쩔 수 없이 일하는 직장인일수록 금요일만 되면 해방되는 느낌일 것이다. 그리고 다시 돌아오는 월요일이 되면, 없던 두통도 몰려온다. 주식 투자를 하면서 나는 월요일이 기다려졌다. 시장이 움직이는 날이 되면 이상하게 가슴이 설레었다.

그렇지만 주식을 매수할 때는 월요일에 하지 않는다. 월요일에 주식을 사고 싶어 하는 수요는 주말에 사려고 했던 사람들까지 모두 포함이 되어 있기 때문이다. 그래서 나는 오히려 주말과 가깝지 않은 요일에 매수를 하는 습관을 가지고 있다.

세상에서 가장 값진 지혜는 교과서가 아닌 사람에게서 나온다. 지금 시대의 현재 상황에서 자신이 직접 경험해보고 좋았던 점을 나누어주는 사람들을 우리는 '메신저'라고 부른다. 몇십 년 전에 유용했던 이야기는 교과서나, 옛날 책에 담겨 있을 수는 있지만, 지금 우리의 삶을 바꾸고 실천할 수 있는 살아 있는 지혜는 동시대 사람에게 배우는 편이 낫다.

답답한 일이 있거나, 문제가 풀리지 않을 때가 있다. 그럴 때 나는 책을 본다. 중학교 때부터 도서관을 가서 읽고 싶은 책을 마구 읽다 보면 마음도 차분해지고 문제를 해결할 방법도 떠올랐다. 책을 읽다가 잠드는 순간이 나에겐 가장 행복한 순간이었다.

주식 투자를 제대로 해보기로 마음먹었던 날 나는 토요일에 동네에 있는 도서관을 갔다. 그리고 온갖 종류의 주식 책을 빌려왔다. 그리고 이해가 되지 않아도 그냥 계속 읽기 시작했다. 그러다 보니 같은 말이 반복이 되었고, 가슴이 뛰는 투자를 찾아서 계속 도전해 보았다.

　내가 책에서 배운 대로 투자를 하려고 해도 확신을 가지기는 힘들었다. 어떤 투자를 해야 할지, 어떤 종목을 사야 할지, 어느 시기에 사야 할지 공부할수록 더 모르겠다는 생각이 들었다. 그리고 정답은 그것이었다. 주식이 무조건 오르는 시기에만 살 수 있는 사람은 없다는 것, 그리고 모른다는 말이 진짜라는 것이다. 시장의 시기를 알 수 있는 사람은 세상에 단 한 명도 없다. 그리고 그것을 인정하고 나니 방법을 다르게 할 수 있었다.

　ETF 투자를 시작하는 많은 투자자들이 용어 때문에 지레 겁을 먹는다. 그냥 쉽게 ETF는 바구니다. 우리는 바구니를 사서 가지고 있는데, 안에 들어 있는 상품들은 그때그때 시장에서 제일 잘나가는 상품으로 알아서 바뀌고 있는 것이다. 그러니 내가 한국 시장 바구니를 들고 있게 되면, 돈으로 가지고 있는 것보다 더 가치 있다고 생각되니까 가지고 있는 것이다. 돈의 가치가 자꾸만 없어지고 있는 세상에 살다 보니 투자를 하고 있는 것이다.

　그렇다면 이 바구니에 들어 있는 상품들은 현재 시장에서 어느 정도의 가치를 가지고 있는지 바로 파악할 수 있어야 한다. 우리가 굳이 계산하지 않아도 운용사에서는 실시간으로 순자산가치(NAV)를 띄워준다.

모바일 거래를 하는 사람들은 증권사 어플을 키고, ETF 종목 정보를 누르면 바로 확인할 수 있다. 간단하지만 모르는 사람들이 많다. 그래서 나는 ETF에 관한 정보들을 알리고 싶어, 유튜브를 시작했다. 주이슬 Stock Yiseul 채널을 운영하면서, ETF 투자법에 대해 알리고 있다. 유튜브를 시작하면서 또 하나의 즐거움을 얻었다. 내가 알고 있는 지식과 지혜를 나누면서 많은 사람들을 만날 수 있게 되었다. 사람들에게 내가 좋아하는 것을 알려주는, 메신저의 삶을 살면서 나는 천국에서 살고 있다.

내 꿈은 지수 투자전문가, 투자 동기부여가다. 원하는 삶을 살고 싶고, 성공하고 싶은 사람들에게 있어 돈은 축복이다. 나는 돈을 좋아한다. 돈을 좋아하는 사람들은 특징이 있다. 매사에 의욕적이고, 열정적이다. 그러니 돈이 계속 그 사람에게로 간다. 자신을 더 유용하게 세상을 자유롭게 돌 수 있도록 돕기 때문이다. 오로지 주먹을 쥐어 자신이 가지고 있는 것을 내놓지 않으려고 하는 사람에게는 딱 그 주먹에 쥘 수 있는 만큼만 간다. 그러니 부자가 되기 어렵다. 부자의 그릇은 다른 사람에게 얼마만큼 큰 효용을 제공하느냐도 중요하게 본다. 이 세상에 잘나가는 CEO들은 수많은 사람들이 편리하게 이용할 수 있는 제품과 기술, 서비스를 제공한다. 그러니 그들이 잘 된 것이지, 옛날이야기에서 나오는 흥부, 놀부

216
결국 ETF가 답이다

처럼 부자를 나쁜 사람으로 인식해서는 안 된다. '백만장자 마인드'를 가지고 주식 투자를 시작하자. 나의 그릇만큼 수익을 낼 수 있다는 생각으로 하게 되면, 마인드를 가지고 이성적인 투자를 하게 된다. 그러면 주식은 눈덩이처럼 불어난 수익으로 당신에게 보답할 것이다.

3

적극적
자산 배분을 하라

'좋은 주식을 사서 오래 묵혀 두어라.'라는 말을 들어 본 투자자들이 있을 것이다. 이 말을 듣게 되면 주식을 사서 신경도 쓰지 않고 그저 들고 만 있으면 내가 원하는 시기에 딱 올라 있을 것 같은 기분이다.

신문 기사 중에 할머니가 삼성전자 주식을 넣어두고 잊었다가, 나중에 보니 크게 올라 있었다는 기사를 주식이 한참 오르는 시기에 발견한다. 또는 부모님이 사둔 땅이 갑자기 개발이 되어 땅값이 올라서 대박이 난 이야기를 듣는다.

이런 이야기들을 들으면 주식은 묻어두기만 하면 내 주식도 대박날 것 같은 느낌이다. 하지만 주식 투자를 해본 많은 투자자들이 알겠지만, 주식은 파동이 강하다. 하루에도 크게 손해가 날 수 있어, 자꾸만 주식을 들여다보게 된다. 그러다 보면 심리적으로 불안해지기 마련이다. 게다가 환금성이 좋아 돈이 필요해지면 바로 팔아버리기도 쉽다. 그런데 그냥 큰돈을 묻어두고 가만히 있을 수 있는 투자자가 몇이나 될까?

정말 운이 좋아서 내가 산 주식이 올라갈 수도 있다. 하지만 대부분의 주식들은 가만히 놔두기만 하면 그 회사의 운명과 함께 하게 된다. 나는 모든 기업들은 시장에서 살아남기 위해 최선을 다한다고 생각하지만, 환경이나 내부적인 문제로 많은 기업들이 오늘도 쓰러지고 있다. 그런데 내가 잘 알지도 못하는 회사에 돈을 묻어두고 로또 복권을 기대하듯 주식을 한다는 것은 너무 위험하다.

그래서 내가 선택한 방법은 ETF 투자로 시장을 사는 것이었다. 시장 지수를 가지고 가면서, 경기가 좋지 못하거나 나빠질 때는 채권을 더 많이 가지고 있었다. 자산 배분투자를 하면서 어떻게 하면 좀 더 수익률을 높일 수 있을지 공부하면서 경기 지표에 대해 공부했다. 그리고 이제는 경기 상황에 대응하면서 비중 조절 투자를 하고 있다.

우리나라는 사실 경기 침체가 길어 주식보다는 채권이 어울리는 나라다. 그런데도 매번 주식으로 100% 자산을 가지고 있으니 주식이 하락하는 순간에 모든 수익을 잃어버린다. 한번 크게 잃고 나면 다시 회복하기가 정말 어렵다. 그 이유는 예를 들어서 설명해보겠다.

우리가 500만 원으로 주식을 시작했는데 50%의 손실이 나면 얼마가 될까? 250만 원이 된다. 그런데 250만 원을 다시 500만 원으로 수익내려면 100%의 수익이 필요하다. 그러니 수익에 집중한 투자보다 손실을 줄이는 투자를 해야 시장에서 살아남을 수 있다는 사실을 알 수 있다. 그런데도 많은 투자자들이 오로지 높은 수익만 쫓다가 혼쭐이 난다.

돈이 들어오는 입구에 서 있어야 한다는 말은 어떤 의미일까? 돈은 한곳에 머물러 있지 않고 계속 돌고 있다. 세상에 돈이 풀리는 속도가 빨라지면서, 엄청난 양의 화폐가 풀렸다. 특히 위기가 올 때마다 미국 연준은 화폐 발행 양을 크게 늘렸다. 다음 표를 보면 연준이 최근에 얼마나 많은 양의 돈을 풀었는지 한눈에 알 수 있다. 돈을 풀어서 돈의 가치가 낮아지면서 반대편에 있는 자산의 가치는 올라간다. 대표적인 금융 자산인 채권이나, 주식과 실물 자산이 부동산 자산들이 빠르게 올라갔다. 그런데 이 세 가지가 동시에 올라가는 기간도 있겠지만 대부분은 경기에 따라 차이가 난다.

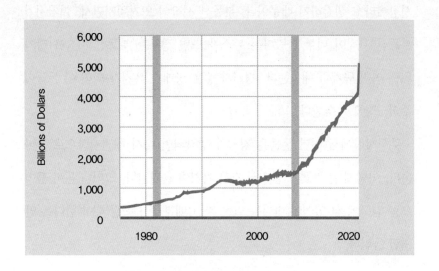

출처: 세인트루이스 연준 FRED 미국의 화폐발행 M1

한나라의 자산은 저물가일 때 충분히 올라갈 수 있다. 계속해서 물가가 낮다는 시그널이 오면 중앙은행은 물가를 적정 수준으로 올리기 위해 금리를 낮춘다. 금리는 돈의 가치이다. 돈의 가치가 낮아진다는 신호를 보내면 투자자들은 돈을 자산으로 옮긴다. 그런데 경기가 너무 좋지 않으면 안전 자산으로 돈을 넣어두고 싶어 한다. 그러니 돈이 가장 안전한 채권 시장으로 몰려가는 것이다.

그러다가 경기가 조금 좋아지면 채권 시장에 있던 돈들이 부동산 시장으로 먼저 간다. 주식보다는 안전하면서 채권보다 수익을 더 낼 수 있는 시장이라고 생각하기 때문이다. 부동산 시장이 뜨거워지면서, 여기저기 부동산 가격이 너무 올랐다는 뉴스가 뜨면 정부는 부동산 시장을 잡기 위해 여러 규제를 내놓는다. 경기가 좋은 상태가 유지가 되면 이 돈들이 주식시장으로 향한다.

주식시장에서 있던 돈들은 경기가 냉각되면 다시 채권시장으로 돌아온다. 이렇게 돈은 돌고 돌면서 자산 가격이 올라간다. 그러니 돈이 들어오는 입구에 서 있어야 한다는 말은 자산 배분투자를 잘 해야 한다는 말처럼 들린다.

신은 우리가 원하는 삶을 살도록 모든 능력을 주었다. 안주하는 삶은 행복한 삶이 아니다. 지금 들어오는 월급에만 기대어 아무것도 하지 않는 사람들을 보면 달란트 이야기가 생각이 난다. 주인이 세 명의 종에게 각각 달란트를 주고 떠났다. 5개의 달란트를 받은 종은 열심히 일하여 2배로 만들었고 2개의 달란트를 받은 종도 열심히 일하여 2배로 만들었다. 1개의 달란트를 받은 종만 자신만 적은 달란트를 받은 것을 불평하며 그 달란트마저 잃어버릴까 땅에 묻어두었다

주인이 돌아와서 1개의 달란트만 가졌던 종에게 '이 게으른 종아' 하며 혼내고 가지고 있던 달란트마저 빼앗아 5개의 달란트를 받은 종에게 주었다.

우리는 모두 위대한 능력을 가지고 있다. 그런데 현실에 안주하여 아무것도 하지 않는 사람을 신은 원하지 않는다. 나는 나의 능력을 믿고 열심히 성장하여 이익을 남길 것이다. 그리하여 이번 생도 후회 없이 지금 이 순간 행복했다고 말하며 떠나겠다. 그래서 내가 좋아하고 잘하는 일을 하며 돈을 벌고 싶었다. 나는 투자를 하는 것은 도박이 아니라 알면 알수록 돈을 벌 수 있는 노력의 산물이라 생각한다. 그렇기 때문에 내가 배우고 성장한 만큼 이익을 낼 수 있다고 여긴다.

투자를 하면서 무조건 아무 일도 하지 않는 것을 원하는 것이 아니다. 내가 좋아하는 일을 하면서, 투자로 이익을 내고 싶다. 매일 아침 내가 원하는 책을 원하는 곳에서 읽고, 책도 쓰고, 좋아하는 사람들과 만나 성장하는 이야기들을 나누고 싶다. 그저 원하지 않는 직장에서 상사 욕이나 하며 지내고 싶지 않다. 그러려면 나는 스스로 돈을 버는 수익 창출의 수단을 가지고 있어야 한다. 그래서 나는 직장에 다니며 주식 투자를 시작했다. 매일 9시부터 5시까지 은행 창구에서 손님을 받아야 했기 때문에 주식시장이 열리는 시간에 하루 종일 차트를 보거나 할 수는 없었다. 차트를 보는 게 힘들기보다는 물리적 시간이나 환경이 불가능했기 때문이다. 그래서 내가 선택한 투자는 더 큰 물줄기를 보고 하는 자산 배분투자였다. 다행히 ETF라는 혁신적인 금융 상품 덕분에 소액으로도 시작이 가능했다.

적은 돈이라도 투자를 하면서 익히고, 이문을 남길 수 있을 때 더 큰돈으로 투자할 수 있는 능력도 생긴다. 주식 투자자들은 맨 처음 주식 투자를 할 때 가장 경험이 없고 시장이 어떻게 움직이는지 잘 모른다. 당연히 처음부터 잘할 수 있는 투자자는 없다. 그런데도 여러 번 깨지면서 배워야 함을 모르고, 무조건 고수익을 노리면서 큰돈으로 시작한다. 운에 맡긴 투자는 운전대를 남에게 맡겨놓고 있는 인생과 다를 바가 없다.

내 인생의 운전대는 당연히 내가 잡고 있어야 한다. 그래야 내가 원하는 곳에 원하는 때에 갈 수가 있다. 다른 사람에게 기대어 편하게 가려고 하면 할수록 나의 의지와는 상관없는 곳에 도착해 있기 때문이다. 그렇다고 그 사람 탓을 할 수도 없다. 그 권한을 준 것도 나이기 때문이다.

직장에 다니는 지금, 적극적 자산 배분을 하라. 주식 투자를 할 때 모든 자산을 주식에만 넣으려고 생각하지 말고, 배분하여 넣어보자. 그래야 강하게 요동치는 주식시장 안에서 살아남을 수 있는 전략을 가질 수 있다. 우리에게는 ETF가 있으니 가능하다.

4

경기 지표에 따른
대응을 하라

미래를 정확히 예측할 수 있는 사람은 당연히 없다. 좋은 대학을 나오고, 외국에서 투자 회사를 다녔다고 해서 그 사람들이라고 해서 시장을 예측할 수 있는 건 아니다. 미스터 마켓을 알 수 있는 사람은 아무도 없기 때문이다. 그런데도 많은 사람들이 그들에게 기대를 한다. 시장을 조금이라도 미리 예측하여 수익을 내고 싶어 한다. 이런 단순한 진실마저 외면하려고 한다. 처음부터 인정을 하자. 시장을 예측할 수 있는 사람은 누구도 없다!

예측할 수 없다면 수익을 내기 위한 대응을 해야 한다. 내가 선호하는 투자는 지금의 상태를 정확히 파악하고 그에 맞게 투자를 함으로 대응을 하는 법을 배우는 것이다. 이렇게 생각하면 투자를 비이성적으로 할 수 없다. 투자는 운이 아니라 자신이 아는 만큼 수익을 내는 곳이다. 투자 시장에서 몸으로 부딪히면서 익힌 투자 고수들도 처음은 모두 똑같았다. 감이나 촉이라고 부르는 것은 사실, 운으로 얻어진 것이 아니기 때문이다.

차트 투자를 배우면서 나는 시장을 좀 더 빠르게 예측하는 사람이 되고 싶었다. 그래서 차트 투자를 잘한다는 사람을 쫓아다니며 배웠다. 필명이 커피브랜드와 같았던 사람인 그 사람은 당시에 강연을 열면 200명씩 설명회를 듣는 팬이 많은 사람이었다. 엘리어트 파동을 기본으로 설명해주었던 그 사람은 지금은 잠적한 상태다. 그 사람을 믿고 몇 억을 투자했던 사람들은 지금 힘든 시간을 보내고 있다. 차트를 맹신하게 되면, 너무 큰돈을 순식간에 손해를 볼 수가 있다.

주식을 하다 보면 차트에 대한 환상이 생길 때가 있다. 조금 차트를 공부하고 나면, 예상한 대로 수익이 날 것 같아서 크게 돈을 넣게 된다. 대부분의 차트 투자자들은 단기 투자자들이다. 그러다 보니, 시기를 잘못 놓치면 손해가 커진다. 손절을 잘해야 한다고 전문가들은 계속 강조한다. 그만큼 위험한 투자라는 것이다. 한번 떨어지고 나면 가망이 없는 종목에 투자를 할 수 있다는 것이다. 종목에 대한 확신도 없이 오직 차트로만 투자를 하니 시기를 놓치면 손실이 눈덩이처럼 불어난다.

차트 투자를 오랫동안 했던 독자 한 분이 문자가 왔다. ETF 투자를 배워서 마음이 편한 투자를 좀 하고 싶다는 것이었다. 차트로 돈을 벌기는 했으나, 직장에 다니면서 계속 차트를 볼 수가 없으니 힘들다는 것이다. 그리고 마음이 항상 불안해서 오래 투자도 못하겠다고 했다. 그리고 조금 있으면 정년퇴직을 앞두고 있다고 했다. 그때까지 꾸준히 투자를 하면서 노후를 준비하고 싶어 했다.

결국 너무 단기 사이클에 집중하다 보면 '내가 지금 뭘 하고 있는 것인가?' 하는 생각이 든다. 차트를 보는 게 즐겁고 재밌다면 괜찮다. 그런데 수익을 내기 위해서 온 시간을 차트만 보는 데 바치고 싶지 않은 투자자들도 있다. 그러니 너무 짧은 시간을 보고 하는 투자보다는 조금 더 길게 보고 하는 투자를 하고 싶은 투자자에게는 ETF를 통한 지수 투자가 더 어울린다.

가치 투자를 하는 투자자들이 왜 많지 않은지는 조금만 투자 시장에 돈을 투자해본 투자자라면 바로 알 수 있다. 개인 투자자들은 대부분은 돈이 넘쳐나서 투자를 하는 것이 아니다. 지금 벌고 있는 돈이나, 열심히 모아서 집을 사야 하거나, 목돈이 필요할 때는 투자 자금을 빼야 할 때가 많은 투자자들이다. 한마디로 100억 부자가 10억 정도 주식에 묻어두고 투자를 하는 것이 아니라는 이야기다.

　그렇다면 개인 투자자들이 주식 투자를 할 때 가장 길게 들고 가는 기간은 얼마나 될까? 투자자들에게 어느 정도가 장기 투자라고 생각하냐고 물으면 대답이 모두 다르다. 한마디로 장기 투자는 굉장히 주관적이다. 누군가에게는 10년, 또 다른 누군가에게는 3년일 수도 있고, 초단타 투자자에게는 하루가 장기 투자일 수도 있다.

　살면서 정말 급하게 돈이 필요한 순간들이 있다. 그럴 때는 현금화시키기 좋은 자산들을 먼저 팔게 된다. 저축한 돈을 깨거나, 주식을 파는 것이다. 그렇게 하게 되어 있다. 그러니 주식 투자를 하면서 언제든지 내가 목돈이 필요한 순간에는 돈을 뺄 수 있다는 사실을 인정해야 한다. 생애 주기 사이클은 대부분 비슷하다. 결혼을 하거나, 집을 구해야 할 시기들을 대략적으로 자신은 알 수가 있다. 그렇다면 내가 지금 투자하는 자금이 어느 정도 주식에 투자해도 되는 자금인지를 먼저 생각해 보아야 한다.

　우리나라의 경제 주기 사이클은 평균 3년 6개월이다. 경기가 좋았다가 안 좋아지고 변동되는 한 사이클이 그 정도 된다. 나는 경기가 애매한 시기가 가장 투자하기 안 좋은 시기라고 생각한다. 오히려 경기가 확 좋아지면서 추세가 변하거나, 안 좋아지면서 변할 때가 투자하는 사람 입장에서는 수익률을 높일 수 있는 시기이다. 그러니 내가 생각하기에는 애매한 시기에는 현금성 자산을 많이 가지고 있는 것이 낫다고 본다.

경기가 좋을 때는 주식으로 자산을 많이 배분하고, 경기가 안 좋을 때는 채권으로 배분해야 한다. 그런데 참 신기한 것은 오로지 경기만 보고 투자를 하면 이상하게 수익이 잘 안 날 수가 있다. 그 이유는 돈이 풀리는 시기가 아닐 수 있기 때문이다. 한마디로 물가 지표를 함께 봐주어야 한다.

물가가 너무 낮으면 한국은행은 저물가를 잡기 위해서 저금리 정책을 펼친다. 금리는 한마디로 돈의 가치이므로 저금리는 돈의 양이 풀린다는 것을 의미한다. 돈이 풀리면 반드시 어딘가로 흘러가야 한다. 그러니 돈의 반대편에 있는 채권, 주식, 부동산과 같은 자산들이 올라간다. 따라서 저물가일 때는 투자를 해야 한다.

처음 투자를 접하면 여러 가지 새로운 용어들을 보게 된다. 조금 공부하고 나면 나만 아는 것 같은 생각이 들어 돈을 쉽게 벌 수 있을 것이라 생각한다. 그러다 여러 번 투자 시장에서 큰 코를 다친다. 경기를 예측할 수 있는 사람은 아무도 없지만, 나만은 다를 것이라는 생각을 한다.

5장_연평균 수익률 20% 만드는 ETF 성공 투자의 기술

경기는 예측하는 것이 아니라 대응하는 것이다. 대응을 잘하는 사람들이 진정한 투자자이다. 내가 알고 있는 것들을 토대로 판단을 내려야 한다. 그러니 배움을 게을리하지 않아야 시대에 맞춘 투자자로 살아남을 수 있다. 그렇지만 한평생 안정에 젖어서 아무것도 하지 않은 채 직장인으로만 사는 데 모든 시간을 쏟아 붓는 것보다는 투자자로 사는 것이 훨씬 더 나은 선택이다. 투자를 시작한 사람에게 미래는 희망이 있기 때문이다.

5

빠르고 정확한 ETF
투자 기술 익히기

세상에는 두 가지 유형의 투자자가 있다. 전자는 개별주에서 계속 어떤 종목이 잘나갈지 찾는 투자자와, 후자는 ETF로 종목 대신 지수를 보는 투자자다. 주식 투자라고 하면 대부분의 사람들이 잘나가는 주식을 찾아야 한다고 생각한다. 그러다 보니 늪에 빠진다.

아무리 인터넷을 보아도, 뉴스나 전문가 정보를 들어도 확신이 생기지 않는다. 덜컥 들어갔다가 흔들리는 주식에 손실 나는 것을 보고 두려움에 빠진다. 더 안 좋은 경우는 잘 알지도 못하는데 수익이 크게 난 경우다. 욕심 때문에 더 많은 돈을 주식 투자에 넣게 되고 순간적인 손실에

못 견뎌서 더 큰 손실을 입기 때문이다.

기술 투자라고 불리는 차트 투자를 하는 사람들은 대부분 단타 투자자들이 많다. 단타는 하루에 어떤 종목이 잘나가는지, 튀어 올라가는 종목을 순간적으로 타서 수익을 내야 한다. 그런데 순간적인 하락을 피하지 못하면, 계속 가지고 있어도 회복이 되기 힘든 주식에 물리는 수가 있다. 그러니 돈이 들어가 있는 매 순간 긴장 상태를 유지해야 한다. 차트에서 크게 손해를 보고 가치 투자로 넘어가면 어떨까.

가치 투자자는 가격이 가치보다 낮다고 판단이 될 때 투자를 한다. 내가 유망하다고 생각한 종목을 바닥에서부터 모으는 것이다. 이런 투자 방법은 종목에 대한 확신과 끈기가 있어야 한다. 안목이 뛰어나서 좋은 종목들을 많이 고르면 다행이지만, 시간이 아무리 가도 튀어 오르지 않는 종목을 담을 경우 언제까지 계속 들고 가야 하는지 기약이 없고, 개별 종목들 중 특히 코스닥 시장은 매년 30% 가까이 상장 폐지가 되니, 지수보다 위험성이 크다.

주식으로 수익을 빠르게 내고, 매번 수익만 내는 투자자가 되고 싶을 것이다. 그렇지만 주식을 하면서 손실을 입을 수밖에 없는 순간들이 있다는 것은 모두가 알고 있다. 그런데도 손실을 회피하고 싶어하는 마음 때문에 물려 있는 주식을 처분도 못한다. 개별 종목에 투자를 하다 보면,

종목 관리가 안 될 때도 있다.

나에게 ETF 투자를 배우러 왔던 수강생 한 명은, 유명한 가치 투자자의 수업을 듣고 추천해주는 종목을 계속 담다 보니 50개가 넘는 종목을 가지고 있다고 했다. 수많은 종목들이 손실이 나 있었지만 처분을 하지도 못하고 계속 들고 있다고 했다. 이렇게 스스로 모르는 종목을 들고 있으니 언제 사서 언제 팔아야 할지 판단을 할 수도 없는 것이다.

어떤 투자이든지 스스로 판단해서 투자를 해야 한다. 그래야 투자 시장에서 우리는 성장할 수 있다. 그 성장의 대가가 수익이다. 그런데 사람들은 투자 시장에서 성장하려는 마음은 없고 오로지 수익만 따라간다. 쉽게 수익을 내고 싶으니 전문가들을 이리저리 쫓다가 이내 포기하기 일쑤다. 평생 공교육에 적어도 12년을 쏟아 부으며, 부자 되는 법, 돈 버는 법에 대해서는 배운 적이 없으니, 투자를 배워서 수익 내려는 마음보다는 도박이나 투기처럼 하게 되는 것이다.

나는 은행에 다니며 매일 전산에서 오고가는 숫자를 보았다. 그 돈들은 누군가에게는 평생을 모은 돈이었다. 만기가 되면 해마다 찾아와서 다시 1년 동안 묶어두는 예금을 하고 희망을 가지고 살아가는 사람들이 많았다. 내가 느낀 것은 열심히 살고, 열심히 저축을 하지만 어느 누구도 부자가 되어 있진 못했다. 안정을 추구하는 사람들일수록 부자가 될 확률이 적다. 그러니 직장에 안주하고, 저축에 위안을 하는 사람들은 부자가 되기 어렵다.

저축은 고성장 시대에 맞는 투자 방법이다. 그러니 이제는 21세기에 가장 혁신적인 상품 ETF를 가지고 나의 연금을 만들어야 한다. 주식이라고 하면 쉽게 떠오른 이미지들이 부정적인 경우가 많다. 하지만 진짜 부자들은 주식과 같은 금융 자산을 가지고 있는 부자들이다. 그런데도 앞으로 나아가지 못하고 제자리에 있으려 한다면 시간이 지날수록 찾아오는 불안감에 더 힘든 현실을 맞이할 수 있다.

지금 이 순간이 가장 빠른 순간이다. 그러니 투자를 해야겠다고 마음을 먹고 이 책을 읽게 되었다면 비대면 계좌를 당장 핸드폰으로 개설하라. 그 한 발자국이 삶에서 커다란 새로운 길을 보여줄 수 있다. 관점을 바꾸면 새로운 세계가 열린다. 그동안 열심히 살라는 말만 들었다면, 이제는 위치를 바꾸기 위해 달려야 한다. 평생을 노동자로만 살았다면 이제는 투자자로 살아야 한다. 그래야 자본가의 위치로 올라가게 되고, 그곳에서 보이는 많은 새로운 기회들이 삶을 빠르게 바꿔줄 것이다.

나는 새로운 걸 하는 것을 좋아한다. 해보지 못한 경험을 할 때 또 다른 세상이 열리기 때문이다. 내가 직장생활이 답답했던 것은 성장하는 곳이 아니라는 생각과 매일 똑같은 업무를 반복해야 했기 때문이다. 돈 세는 기계가 되어 버린 나의 모습이 싫었다. 그리고 그곳에서 가끔 받게 되는 서비스직의 대우에 대해서도 치가 떨리게 싫었다. 아무렇지 않게 하대하는 사람들을 보며, 더 높은 곳에 올라가리라 이를 악물고 다짐했다.

열망이 있는 사람들은 성장한다. 그리고 그 열망이 부자를 만든다. 지금 다니고 있는 직장이 편하다면 그것이 제일 위험하다. 당장 편하니 더 나아갈 생각을 하지 못한다. 그리고 매달 들어오는 달콤한 월급은 그 자리에 머물러 있으라고 유혹한다. 그러니 사람들은 직장에서 열정이 솟지 않는 일을 하며 대충 시간을 때우다가 집에 와서 TV를 보며, 아무런 생각도 하지 않은 채 살아간다. 유명한 명언인 "용기를 내어 생각하는 대로 살지 않으면, 사는 대로 생각하게 된다."라는 말은 많은 이들에게 공감을 샀다. 실제로 많은 이들이 그렇게 살고 있기 때문이다.

이제는 용기를 내어 특별한 삶을 살겠다고 다짐하자. 그리고 당장 내가 실행할 수 있는 일부터 해보자. 투자자가 되기로 마음먹었다면 계좌를 개설하고 ETF를 한 종목이라도 1만 원대에 매수해도 된다. 그렇게 내 돈이 시장에 들어가면 빠르게 주식에 관심을 가지게 된다. 그리고 ETF

는 지수이다 보니, 쉽게 상장 폐지되거나 믿지 못할 주식을 산 경우와는 다르다.

거래량이 충분히 일어나는 ETF를 사서 모으는 편이 연금 저축에 가입하거나, 저축을 하는 것보다는 훨씬 더 나은 결과를 가져올 수 있다. 그 이유는 기관에 맡겨 놓은 돈은 사업비로 빠지는 돈이 크고, 결국 투자자를 위한 금융 상품이라기보다는 금융 기관을 위한 금융 상품일 경우가 많기 때문이다. 빠르게 실행하고 ETF로 정확히 투자를 하여 지금 당장 연금 파이프라인을 구축하라.

6
한 달에 한 번만
집중하라

우리는 모두 바쁘다. 회사 생활을 하느라 바쁘고, 가족들을 챙기고, 집 안일을 하고, 가장 역할, 부모 역할, 남편, 아내 역할, 우리가 맡고 있는 역할이 많으니 하루도 안 바쁜 날이 없다. 사람들은 모두 바쁘다는 말을 달고 산다. 세상에 안 바쁜 사람이 있을까?

바빠서 투자를 할 수 없다면, ETF 투자로 시작을 해야 한다. 투자에는 사이클이 있다. 경기가 회복되었다가 점점 더 활성화되고 다시 후퇴하다 가 침체되는 사이클은 거대한 경제 사이클이다. 그렇지만 그 안에는 다 시 또 여러 파동들이 존재한다. 내가 어느 정도의 시간을 보면서 투자를 할 것인지에 따라서 투자에 대한 긴장 강도가 다르다. 직장인들이나 사회생활이 바쁜 투자자들에게는 한 달에 한 번 정도만 집중하여 투자를 하라고 하면 부담스럽지 않을 것이다. 나는 매달 뜨는 경기 지표에 따라서 채권과 주식, 현금을 배분하는 투자를 하고 있다. 그러다 보니 스트레스 강도도 높지 않고 꾸준히 투자를 이어가기가 편하다.

"결과가 있는 자기계발을 하라." 이 말은 나의 롤모델인 위닝북스 출판사의 대표이자 크루즈 여행가, 동기부여가인 권마담 님이 해준 말이다. 어려서부터 가난했지만 라이프 코치, 동기부여가라는 꿈을 가지고, 책을 썼고 지금은 김도사님과 한책협을 함께 이끌어가고 있다. 항상 지금 당장 실행할 수 있는 조언들로 나의 관점을 바꿔준 분이다.

사람들은 모두 바쁘다고 하지만 결과가 있는 행동을 하지는 않는다. 그저 일에 치이거나 지나고 나면 나 아닌 누군가가 해주어도 될 일에 시간을 쏟는다. 내가 잘하는 일, 좋아하는 일에 집중하여 돈을 벌고 나면, 내가 못하는 일이나 가사노동과 같은 일은 다른 사람에게 맡겨도 좋다. 그것이 더 생산성이 높다면 말이다. 그러니 시간을 지혜롭게 써야 한다.

지금 당장 눈앞에 닥친 일 때문에 내 인생을 모두 흘러가는 대로 나둬 버리면, 그 후회의 대가는 모두 내가 치러야 한다. 나는 하루를 살더라도 최고의 하루를 보낼 것이다. 그런 마음가짐으로 살아야 한다.

결국 ETF가 답이다

성공하는 습관을 키우기 위해서는 작은 일에 먼저 성공을 하는 행위를 반복해야 한다고 한다. 아침에 일어나 빠르게 이불을 개고 자리를 정리하면, 하루의 시작이 즐겁다. 아침부터 성공했으니 그날 일어나는 모든 일이 잘 풀릴 거라는 기대로 시작한다. 반대로 정신없이 이부자리에서 나와 하루를 시작하면 그날은 무엇을 해도 부산스럽고 결과도 제대로 나지 않는다.

아무리 바쁘다는 생각이 있다고 하더라도 내 인생을 제대로 돌보면서 가야 한다는 말이다. 성공자가 되고 싶다면 성공자의 습관을 가져야 하고, 투자로 부자가 되고 싶다면, 투자에 대한 나의 원칙과 습관을 가지고 있어야 한다.

나는 매월 초에 경기 지표가 뜨면 엑셀로 정리를 한다. 그리고 내가 정해둔 기준에 따라 채권과 주식의 비중을 정한다. 그렇게 비중이 정해지고 나면 별다른 이슈가 없으면 매달 세 번째 주에 매수를 한다. 정확히 말하면 매달 두 번째 목요일 옵션 만기가 지나고 나면 매수를 한다. 파생상품 시장 때문에 생긴 변동성을 피하기 위해서다. 이런 식으로 나는 투자를 할 때 나만의 원칙과 습관이 있다. 그것을 지키면서 꾸준히 투자 시장 안에 있으려고 한다. 그래야만 기회가 왔을 때 놓치지 않고 잡을 수 있다는 사실을 알기 때문이다.

아무리 투자하기 좋은 기회가 왔어도 평소에 투자를 하지 않던 사람들은 두려움 때문에 선뜻 투자를 하지 못한다. 나이에 따라 투자를 못하는 이유들도 비슷한 공통점이 있다.

투자를 당장 시작하라고 하면 나이가 어린 친구들은 돈이 없어서 못한다고 하고, 60대는 너무 늦은 것 같다고 한다. 돈이 많으면 투자를 성공할 수 있을까? 오히려 돈이 많은 상태에서 시작하게 되면 위험하다. 목돈으로 투자를 시작하는데 투자 경험도 없으니 가장 위험한 상태인 것이다. 그러니 적은 돈으로 빨리 시작하는 것이 답이다. ETF 한 주가 1만 원이면 살 수 있는데도 돈이 없어서 못한다는 말은 자신은 투자를 안 하겠다는 말과 같을 뿐이다.

나이가 중년을 넘어서 투자하기가 겁난다고 하는 분들의 말을 들으면 내가 자주 하는 생각을 말씀 드린다. 이 세상에 오는 데는 순서가 있어도 가는 데는 순서가 없다. 그러니 늦은 때라는 건 있을 수가 없다. 지금 이 순간 최선의 방법을 선택하면서 사는 게 답이다. 그러니 지금이라도 투자를 해야겠다는 생각이 들었다면 바로 실행해야 한다. 내가 투자에 관심이 생긴 지금이 사실 가장 시작하기 좋은 때이기 때문이다.

해야 할 일이나, 해서 좋은 행동들을 못하는 이유는 모두 변명이다. 나이가 있어서 못 하겠다라던가 돈이 없어서 지금은 어렵고 나중에 해야겠다는 안 하겠다는 말이랑 같은 말이다. 결국 그렇게 생각한 사람들은 끝까지 안 한다. 적은 돈이라도 지금 당장 해본 사람들만이 꾸준히 투자를 할 수 있다. 두려움은 막상 행동으로 해보았을 때 바로 사라지기 때문이다.

개별 종목 투자를 하는 사람들이라고 해도, 시장을 아예 무시한 채 할 수는 없다. 시장이 무너지면 모든 종목이 다 같이 내려간다. 그러다 시장이 올라가면 올라가는 주식만 또 올라가기도 한다. 그러니 시장을 먼저 알고, ETF 투자로 대부분의 자금을 굴리고, 자산 배분의 형태로 나누어서 내 자산의 10%만 개별 종목으로 하겠다고 정하면 차라리 그것이 현명하다. 다른 증권사의 계좌를 가지고 개별 종목을 굴리는 것이다. 처음부터 개별 종목 투자를 하려고 하면 늪에 빠지는 기분이기 때문에, 한 발짝씩 앞으로 나아가기가 어렵다.

그러니 경기 지표를 보고 경기 사이클에 따라 투자를 하는 투자자가 되자. 그리고 투자가 익숙해지면 그때 내가 해보고 싶은 투자들을 정해진 금액으로만 해보아도 늦지 않다. 특히 변동성이 큰 투자일수록 자산에서 10%의 비중을 두고 투자하는 것이 좋다. 그래야 나의 감정에 흔들리지 않을 수 있다.

투자를 꾸준히 해온 사람들은 모두 감정이 정말 중요하다고 강조한다. 기술은 모두가 다르고 자신들만의 원칙도 다르지만 결국에 감정을 조절할 수 있는 투자를 해야만 수익을 낼 수 있다는 사실을 경험으로 깨달았기 때문이다. 그런데 아무런 경험도 없는 초보 투자자들은 자신의 감정을 들여다 볼 시간이 없다. 돈을 넣어서 시장에서 움직이는 것을 모두 당하고 나서야 안다.

나 또한 그랬다. 처음에 투자를 하면서 겪었던 모든 시행착오들이 지금 되돌아보며 생각해 보면 참 무모했다. 그래서 많은 초보 투자자들이 다른 사람의 실수와 실패를 타산지석 삼아서 가길 바랐다. 〈한국주식투자코칭협회〉 네이버 카페도 그런 의미에서 개설을 했다. 어떤 지표를 보아야 할지 모르고, 첫 투자라서 아무것도 모르겠다면 가입하여 공지 글부터 읽어보길 권한다.

딱 한 달에 한 번만 집중하라. 그리고 시장의 흐름에 따라 투자를 시작하라. 어느새 저축만 하는 동료들보다 훨씬 더 높은 곳에 올라서 있을 것이다.

7
손실 없이 주식
투자하는 노하우

건강과 투자는 공통점이 있다. 잃고 나면 다시 회복하기가 어렵다는 사실이다. 대학 시절 코카콜라 회장이었던 더글라스 대프트의 신년사 이야기를 듣고 굉장히 감명 깊었던 기억이 난다. 보통 신년사는 잘 읽어보지 않을 정도로 진부한 이야기들뿐이라 생각했던 나의 고정관념을 깨뜨려주었다.

"사람들은 모두 5개의 공을 저글링을 하는 삶을 살고 있다. 일, 가족, 건강, 친구, 영혼이다. 조만간 당신은 일이라는 공은 고무공이어서 떨어뜨려도 바로 튀어 오른다는 사실을 알 것이다. 그렇지만 나머지 4가지는 유리공이어서 떨어뜨리면 깨지거나 긁혀서 전과 같이 될 수 없다는 사실을 알게 될 것이다. 이 사실을 이해하고 당신의 삶에 균형을 갖도록 노력하라."

내가 건강의 중요성을 깨달은 것은 21살 때였다. 20살에 대학생이 되었던 나는 정말 뭐든지 다 경험해 보고 싶었다. 그래서 학회, 중앙 동아리, 학생회를 모두 들어가 정신없이 보내면서, 방학 때는 인턴 활동을 했다. 왕복 5시간이 걸리는 곳에서 무급으로 인턴을 하면서 나의 체력에 한계가 왔다.

어느 날 출근을 해서 다리를 보니, 발부터 다리까지 퉁퉁 부어서 처음 보는 형상을 하고 있었다. 깜짝 놀라서 바로 작은 병원에 갔지만, 염증인 것 같다고만 했고 항생제를 처방해 주었다. 그리고 다음날 아침에 머리가 깨질 것 같고 모든 관절이 너무 아파 일어날 수가 없었다. 태어나 처음 겪어본 고통에 비명조차 지를 수 없었다. 그리고 간신히 몸을 일으켜, 발을 내딛는 순간 찌릿 하는 고통이 더 몰려왔다. 발바닥을 보니 힘줄이 있는 곳마다 빨갛게 알 수 없는 동글동글한 것들이 잡혔다. 그리고 발을 내디딜 때마다 고통스러워 제대로 걸을 수가 없었다. 무릎 관절부터 손

관절까지 구부릴 때마다 고통이 찾아왔다. 큰 병원을 두 군데를 옮겨 다니며 검사했지만, 원인을 알 수 없다고 했다. 나는 매일 고통스러워서 울었고, 내 몸이 어떻게 된 일인지 알고 싶을 뿐이었다. 그 이후 무려 1년 반 동안 약을 먹었고, 지금은 건강을 되찾았다.

한번 잃었던 건강을 되찾기 위해 너무나 많은 고통이 있고 노력이 있어야 한다. 그래서 나는 건강의 소중함을 누구보다 빨리 알았다. 그 이후 무리하지 않고 체력을 키워야겠다고 생각했다. 학생일 때는 요가를 했고, 직장에 다니면서부터는 댄스나 운동 학원을 다니며 관리했다. 내가 매일 틈이 나면 하는 운동은 스쿼트였다. 그리고 정해진 시간 동안 푹 자기 위해 수면 관리도 했다.

그리고 최근에 깨달은 사실이 있다. 면역력에 가장 좋은 방법은 "나는 건강하다."라고 되뇌이며, 하루에 5분씩이라도 명상을 하는 것이다. 건강한 정신이 건강한 몸으로 발현된다. 그러니 내 스스로를 돌아보며, 나의 감정과 나의 상태를 알아차리는 것이 중요하다. 나는 하기 싫은 일을 억지로 하면서 병이 났다. 그러니 정말로 내가 원하는 것을 하면서 원치 않는 것은 거절할 줄도 알아야 하고, 내 스스로를 가장 중요하게 생각해야 한다는 교훈을 얻었다.

주식 투자를 처음 시작하는 많은 투자자들이 여기 저기 주식 방송에서 광고하는 수익률에 혹한다. 하루만에 30% 수익 또는 며칠 만에 몇 백% 수익 등등 투자자들의 마음을 사로잡는 고수익을 광고한다. 하지만 수익, 수익률 같은 말이 위험한 것이다. 고위험 고수익이라는 말을 지겹게도 들었지만 막상 투자를 하려 하면 고수익만 보게 된다. 그러니 손실을 최대한 줄이는 투자를 해야 하는 사실이 중요하다는 것을 자꾸만 잊게 된다.

손실을 줄이는 것이 현명한 투자라는 것을 계속 투자를 하면서 깨닫는다. 그리고 비용을 줄이기 위해 세금이 적은 상품에 투자해야 한다는 것도 알아야 한다. 그런 면에서 ETF는 정말 훌륭하다. 운용 수수료가 낮아 0.1~0.65% 정도 수준이고, 세금도 일반 개별주보다 낮게 뗀다. 그 이유는 국내 시장 ETF는 아예 세금이 면제되고 있고, 기타 ETF라고 하더라도 과표 기준가가 따로 있기 때문이다. 매매 차익보다 과표 기준가의 차액이 더 적으면 그 금액에 대해 세금을 매긴다. 주식이 복리 수익이라는 장점을 가지고 있다는 것을 알고 있지만, 세금도 %로 떼기 때문에 복리로 올라간다는 것을 인지해야 한다.

주식 투자로 돈을 잃었다는 사람이 많은 가장 큰 이유가 있다. 주식은 하루에도 오르내리는 가격의 변동성이 크다. 그런데 투자를 시작하면, 계속 계좌를 쳐다보게 된다. 힘들게 번 목돈을 넣었는데 하루 만에 갑자기 큰 손실이 나면 일도 손에 안 잡히고 기분이 안 좋아진다. 하루 등락에 감정이 너무 크게 소모되는 것이다. 그런 반면에 부동산 투자는 시세가 오르내리는 것에 일희일비하지 않으면서 투자하는 사람이 많다. 부동산은 안전하다는 인식과 집값은 계속 오른다는 생각 때문이다. 그러니 주식 투자자들은 하루에 등락에 너무 큰 감정 소모를 하다가 지쳐서 포기해버리는 것이다.

나는 주식으로 수익을 내기 위해서는 감정 조절을 잘 해야 함을 깨달았다. 그리고 감정 조절을 잘하기 위해서는 내 그릇을 넘어서는 변동성은 없애줘야 한다는 사실도 알았다. 그 사실을 깨닫기까지, 정말 롤러코스터를 타듯이 투자를 많이 해봤다. 그리고 그때마다 내 감정에 내가 진다는 사실을 계속 인정해야 했다.

해외 선물 옵션 투자는 우리나라 파생 상품 거래보다 더 적은 증거금으로 거래가 가능하다. 그러다 보니 선물 시장에 눈이 멀었던 때에, 해외 선물도 투자를 했다. 작은 변동에도 크게 수익이 나는 시장이다 보니, 매일 새벽 차트에서 눈을 떼지 못했다. 그리고 운 좋게 수익이 나면, 정말 기분이 좋았다. 그렇게 새벽마다 선물 거래를 하면서, 잠도 부족해지고,

신경은 곤두서게 되었다. 남편도 잠 좀 자라며 함께 스트레스를 받았다.

해외 선물 투자에서 크게 한번 데이고 나서 나는 고수익은 고위험을 동반한다는 사실을 다시 한 번 인정했다. 그리고 내가 견디지 못하는 변동폭은 절대 수용해서는 안 된다는 사실도 말이다.

주식시장의 변동폭을 줄여줄 수 있는 자산이 채권이다. 채권은 사람들이 투자의 수단으로 잘 모르고 있다. 하지만 우리나라는 주식보다는 채권이 잘 어울리는 나라이다. 경기 침체기가 길고, 안전 자산을 선호하는 사람들이 많아서, 채권이 발행된 이래로 채권의 가격이 꾸준히 우상향하고 있다.

저축만 알던 사람들에게는 채권 투자부터 시작하라고 말하고 싶다. 그리고 조금씩 주식을 함께 들고 가면서 자산이 움직이는 사이클을 시장에서 몸소 경험해 보는 것이 좋다. 이렇게만 해도 주식만 들고 있을 때보다 훨씬 안정적인 투자가 가능해진다. 손실을 항상 생각하면서 투자를 이어가면, 비이성적인 투자를 하여 큰 손해가 나는 경우를 줄일 수 있을 것이다.

5장_연평균 수익률 20% 만드는 ETF 성공 투자의 기술

Exchange
Traded
Fund

6장

월급만 믿기에
불안한
직장인들에게

1

꾸준한 소득이 들어오는
구조를 만들어라

우리가 매일 가슴이 답답한 이유는 불안 때문이다. 지금 열심히 살고 있다고 생각하다가도 미래를 생각하면 한숨이 나온다. 지금 다니고 있는 직장을 꾸준히 정년까지 다닌다고 해도 나의 미래가 불안하다는 것을 모두가 어렴풋이 느끼고 있다. 지금 당장 정년퇴직하고 있는 선배들의 모습을 보면, 모두가 하나같이 어려운 현실을 마주하고 있기 때문이다.

어제 점심 때 나의 책『돈되는 주식 투자 ETF가 답이다』를 보고 30대의 직장인이 컨설팅을 와서 이렇게 이야기했다.

6장_ 월급만 믿기에 불안한 당신에게

"저는 지금 집을 마련하면서 빚이 많습니다. 그런데 3년 전에 했던 땅 투자에 돈이 크게 묶여 있어서 답답하고, 정년까지 일을 다닐 수밖에 없는 상황인데 다른 대안이 없어서 불안합니다. 퇴직하고 나서 월 300만 원씩 연금처럼 들어오는 구조를 만들고 싶습니다."

나의 책을 보고 연락을 주는 많은 분들이 모두 비슷한 불안감을 가지고 있다. 퇴직하고 나서 월 300만 원 정도의 연금을 만들고 싶은데 도저히 방법이 없고, 빚만 있다는 것이다. 나는 그럴 때마다 〈파이프라인 우화〉가 떠오른다.

한 나라에 물을 길어서 생활하는 두 청년이 있다. 한 청년은 물동이를 지고 길어와 돈을 번다. 그리고 다른 한 청년은 물동이를 나르다가 이런 생각을 한다. '강에서부터 마을까지 물을 이동시키는 파이프라인을 만들면 이렇게 나르지 않아도 충분한 물을 사용할 수 있겠네.' 처음 몇 년 동안은 파이프라인을 만들며 힘든 생활을 한다. 아무리 나가서 노동을 해도 당장 먹고 살 충분한 돈을 벌 수 없다. 그리고 마을 사람들은 그를 보고 미쳤다고 했다.

옆 친구는 물을 길어와 받은 돈으로 충분히 여유로운 생활을 하고 저녁이면 호프집에서 맥주를 마셨다. 그리고 파이프라인을 만들고 있는 청년에게 허튼짓은 하지 말고 너도 나처럼 양동이로 길어 와서 평범하게 살라고 충고한다. 하지만 파이프라인 청년은 포기하지 않았다. 고된 시간을 견뎌 파이프라인을 성공적으로 만들어 마을에 연결한다. 그리고 이 청년은 파이프라인을 통해 큰돈을 벌었다. 이후에는 따로 노동을 하지 않아도 될 만큼 돈이 계속 들어왔고, 다른 마을에 파이프라인 건설 프로젝트를 실행하며 더 큰 부를 이루었다.

월급을 받는 동안 사람들은 당장 월급이 주는 안정감과 달콤함에 젖는다. 그러다 서서히 정년이 다가오거나 갑작스러운 위기가 찾아오면 그때는 다른 대안을 찾아야겠다는 생각을 한다. 나는 부자가 된 사람 중에 사업가와 투자자는 있어도 직장인은 없다는 사실을 빨리 깨달았다. 그리고 많은 직장인들이 창살 없는 감옥에 갇힌 죄수처럼 답답한 삶을 살고 있다는 것도 알고 있었다. 애써 자기 위안을 해보지만 시간도, 돈도 충분하다면 모두 지금 어쩔 수 없이 다니는 직장이 아닌 자신이 정말 원하는 것을 할 것이다.

나는 정말 후회 없는 삶을 살고 싶다. 우리의 삶은 내가 주인공으로 출연한 연극에 불과하다고 생각해보자. 그렇다면 당신은 그 주인공의 삶을 해피엔딩으로 끝내고 싶을 것이다. 그리고 그 안에 다양한 경험들을 해보고 싶을 것이다. 그런데도 그저 기계처럼 일만하며, 불안과 불평으로 가득한 감정들로 온통 가득한 삶을 살도록 내버려둘 텐가?

대학교 4학년 때 미국에서 생활할 수 있는 기회가 있었다. 그때 아르바이트를 하는 곳에서 대형 아이스크림 체인점을 운영하는 CEO를 만났다. 그분은 한국계 미국인으로 미국에서 큰 성공을 거둔 사람이었고, 나에게 자주 자신이 어떻게 성공을 했는지 이야기해주었다. 그런데 젊은 나이에 빠르게 성공을 해보니 삶이 생각보다 별것 없다는 생각을 종종 한다고 했다. 그 당시 나는 미국에서 홀로 아르바이트를 하며 학교를 다녀야 하는 상황이었기에 돈이 충분하면 참 행복하겠다는 생각을 하고 있었다.

그런데 눈 앞에서 부자가 인생이 부질없다는 식의 이야기를 하니 참 아이러니했다. 그렇지만 인생에 있어 그런 관점을 가진 사람을 만나고 나니 내 삶의 목표를 바꾸어야겠다는 다짐을 하게 되었다. 부자가 되고 싶다는 목표를 가지고 있었지만 생각해보면 행복하고 싶어서 부자가 되고 싶었던 것이었고, 사람들에게 인정을 받는 사람이 되고 싶어서였다는 사실을 깨달았기 때문이다.

부자가 되면 행복하겠다가 아니라 지금 당장 행복해야 한다. 행복한 기분, 감사하는 마음을 가지면 세상에 좋은 일들, 멋진 일들이 모두 끌어당겨진다. 내가 이 세상의 일부분이 아니라 이 세상의 전부이다. 모든 현실은 내가 창조한 것이라 생각하고 원하는 것을 모두 지금 이루었다 생각하고 행동해야 한다.

투자를 하면서 불안한 생각과 두려움이 크다면 잘못된 방향으로 투자를 하고 있기 때문이다. 투자자는 자신이 투자한 종목에 확신과 믿음을 가지고 투자한다. 자신의 판단이 서지 않는 때에는 무리해서 큰돈을 넣는 비이성적인 행동은 하지 않는다. 무리한 도박 투자자가 아닌 행복한 투자자로 살자.

매달 내가 믿을 수 있는 종목인 대표적인 자산 ETF에 배분하여 투자를 하고, 연금 파이프라인을 만든다는 생각으로 투자를 하면 된다. 삶은 결코 계획대로 흘러가지 않는다. 투자 시장도 마찬가지다. 언제나 좋은 시기만 있지 않다. 그러니 주식시장 안에서만 돈을 벌려고 하면 전문가들도 어려운 싸움에서 이기지 못하고 허우적거리는 모습을 볼 수 있다. 그러니 시장을 따라 적극적으로 자산 배분투자를 해주는 방법이 처음 주식투자를 하는 투자자가 할 수 있는 투자법으로는 가장 현명하다.

앞서 이야기한 컨설팅을 받은 30대 직장인 분이 한 가지 더 중요한 질문을 해서 함께 나누고 싶은 부분이 있다. 자신은 직장에 다니며 ISA 계좌를 통해 ETF 투자를 하고 싶다는 말이었다. 이전에 대전에서 의사를 하던 분도 그 이야기를 한 적이 있어 말해주었다. ISA 계좌에서 운용을 하게 되면 절세 혜택이 있지만 2가지는 꼭 염두에 두어야 한다.

ISA 계좌에서도 운용을 통해 200만 원의 초과 수익이 발생하면 9.9%의 세금이 발생한다. 또한 필요한 자금을 넣어서 운용을 하게 되면 5년 유지 기간을 지키지 못하게 되어 중도 해지를 할 때 일반 과세가 적용된다. 그러니 이러한 점은 유의해서 내가 5년 안에 찾지 않을 금액으로 투자를 해야 한다는 것이다. 그러나 대부분의 개인 투자자들이 투자를 할 때 5년이라는 기간을 가지고 절대 찾지 않을 투자를 하는 투자자가 과연 얼마나 될지 의문이다.

투자를 하면서 너무 많은 제한이 걸려 있으면 오히려 그것이 독이 될 수 있다. 마음 편하게 할 수 있는 투자가 차라리 낫다. 그러니 내 생각에는 기본적인 종합 계좌로 투자를 하는 편이 더 낫다고 본다. 투자로 연금 파이프라인을 만들기로 결심했다면, 한 달에 한 번씩 꾸준히 투자 자금을 넣으며 투자 습관을 키워야 한다. 한순간에 파이프라인이 만들어질 수 없다. 주식의 복리 수익은 꾸준히 투자를 한 사람만이 누릴 수 있는 혜택이다.

결국 ETF가 답이다

2
이제는 절약이 아닌
투자를 하라

아침 출근길 도로는 차들로 꽉 차 있다. 누구나 출근하는 시간에 도로에 나가면 그렇게 한숨이 나오는 하루로 시작이 된다. 직장인들은 자신의 불안함을 없애기 위해서 인생의 71%를 희생한다. 월요일부터 금요일까지 7일 중 5일을 허비하고 있으니 말이다. 직장에서 열심히 30년 동안 정년까지 일해서 번 돈으로 노후를 맞이하면 운이 좋아야 평범한 삶을 산다. 죽을 때까지 돈이 떨어지지 않기만을 바라며, 또 절제하는 삶을 산다. 나는 갑자기 그런 생각이 들었다.

'절제하는 삶, 아껴 쓰고, 또 아끼는 삶은 과연 우리를 행복한 부자로 만들어줄까?'

사람에게는 누구나 정해진 양의 하루 에너지가 있다. 그래서 오전에 일어나 가장 중요한 일을 우선순위에 두고 하면 일의 효율이 올라간다. 그런데 중요한 사실을 하나 알고 있어야 한다. 우리가 돈을 아끼는 데 모든 에너지를 쏟아 버리는 사람과, 같은 에너지를 더 벌 수 있는 곳에 쓰는 사람하고의 차이이다. 한 달 동안 버스비를 아끼면 4~5만 원을 아낄 수 있지만, 시간과 에너지를 쓰게 된다. 같은 시간과 에너지를 오히려 지금 나의 몸값을 올리거나, 좀 더 높은 수익을 올릴 수 있는 곳에 집중하면 더 나은 결과를 얻을 수 있지 않을까?

투자를 할 때 가장 쉽게 하는 행동이 어디 좋은 정보가 없는지를 찾는 것이다. 뉴스 기사에서, 또는 주식 토론방에서 좋다고 하는 주식을 믿고 목돈을 투자한다. 그리고 흔들리는 시장에서 두려움과 공포에 사로잡혀 여러 전문가를 찾아가며 물어보지만 결국 돌아오는 대답은 자신의 리딩을 들으라는 소리뿐이다.

지금까지 살면서 한 번도 투자를 해본 적이 없는 사람이라면 아무리 똑똑한 사람이어도 투자에 있어서는 초보이다. 그러니 투자를 어떻게 해야 할지 공부하고 스스로 판단하면서 시작하려는 마음가짐이 중요하다. 수영을 처음 하면서 깊은 물속에 아무런 준비운동도 없이 무작정 물에 풍덩 빠지는 사람들은 별로 없다. 그런데 투자라는 바다에 빠지면서 많은 사람들이 하는 착각은 자신이 베테랑 수영 선수인 것처럼 생각한다는 것이다. 운이 좋으면 엄청난 보물선을 발견할 것이라는 희망을 품고 말이다.

이제는 절판이 되어 중고로만 팔리는 『롤렉스 시계를 사라』라는 책에서 저자는 빠르게 부자가 되려면 비싸고 좋은 명품을 사야 하는 이유에 대해 말하고 있다. 이 책을 처음 품에 안고 읽었던 날, 나는 단숨에 저자의 말에 설득되었다. 지금까지 살면서 돈은 아껴야 하고, 비싼 것은 사치라고 생각했던 나의 생각을 한 번에 바꿔준 책이다. 가치에 따라 사는 사람이 되겠다고 열망했고 정말로 그런 사람이 되기 위해 끊임없이 솟아나는 열정과 열망은 나를 더 빠르게 성장시켰다.

투자자가 되면 위치가 바뀐다. 그동안은 노동자로만 살다가, 투자자의 시선으로 세상을 바라보게 된다. 지금 일어나는 사회 현상이나, 역사에 관심을 가지게 된다. 그리고 그것이 어떻게 내가 투자하고 있는 자산에 영향을 미칠지 생각하게 된다. 사람들은 투자를 어렵게 생각한다. 하지만 사람 사는 이야기가 묻어 있는 것은 다 똑같다. 투자도 사람들의 이야기이다. 그러니 우선 적은 돈이라도 내 돈을 주식시장에 투자해야 한다.

다른 사람이 대신해서 해주는 투자가 아닌 내가 직접 하는 투자가 더욱 내 관심과 신경을 쏟게 만든다. 매일 스포츠 뉴스나 기사만 보이던 사람이라도, 주식시장에 돈을 투자하고 나면 경제면부터 보게 되는 신비한 경험을 할 것이다. 돈은 모든 것과 연결되어 있다. 그래서 돈을 공부하고 안다는 것은 굉장한 힘이 된다.

나에게 투자를 배운 〈한투협〉 수강생들은 자신들의 돈뿐만 아니라 아이의 돈도 함께 투자해주고 있다. 그렇게 아이들에게 돈에 대한 관심을 키워주고, 스스로 투자할 수 있는 나이가 되었을 때 주식으로 자산을 물려줄 계획이다.

절약이 아닌 투자를 해야 하는 중요한 이유가 한 가지 더 있다. 절약은 사람을 작아지게 한다. 자신을 계속 한없이 낮아지게 한다. 무엇인가 사고 싶어도 사지 못하는 자신의 상황을 계속 인식해야 한다. 그렇게 불평 불만이 많아지고, 긍정적인 에너지가 아닌 부정적인 에너지가 쌓이는 것이다.

사람은 에너지로 되어 있다. 그 사람의 에너지는 주변에 있는 비슷한 모든 에너지들을 끌어당긴다. 그런데 부정적이고 암담한 에너지를 계속 발산하면 실제로도 그런 일들만 계속 꼬인다. 그러니 나의 모든 에너지를 긍정적인 에너지로만 솟아나도록 의식적으로 노력해야 한다. 투자는 사람들에게 희망을 가지게 한다. 내가 지금 벌고 있는 돈이 나를 위해 일하고 있다고 생각하면, 더욱 힘이 솟는다.

특히 ETF 투자는 거대하고 수많은 기업들의 총수가 나를 위해 일하고 있다고 생각하게 해준다. 그러니 회사에서 힘든 일이 있어도, 이 회사가 나를 위해 열심히 일하고 있으니 웃어넘길 수 있다. 그런 투자 마인드가 그 사람의 긍정 에너지를 활성화시켜주고, 도전하면서 사는 즐거움을 일깨워준다.

직장인들은 창살 없는 감옥에 갇혀 있는 영혼들이다. 자신은 아니라고 생각하고 싶겠지만 어쩔 수 없다. 어딘가를 가고 싶을 때 갈 수도 없고, 일하기 싫을 때도 일을 해야 하기 때문이다. 그러니 직장인일수록 투자를 해야 한다. 투자를 하는 사람들은 일을 할 때도 의욕적이다. 지금 내가 번 돈이 더 큰돈으로 돌아올 것이라는 희망이 있기 때문이다. 나의 역량을 키워 더 나은 곳에서, 자신이 원하는 삶을 살겠다는 확신을 가지게 된다.

나는 투자자에서 1인 창업가로 나아갔다. 누군가는 안정적인 월급에 빠져서 오로지 그 안에서만 자기계발을 하려고 한다. 더 나은 봉급과 직급을 위해 젊은 날의 대부분을 바친다. 하지만 좀 더 자신에게 집중해보자. 자신과 대화하는 시간을 가져보면, 시간도 돈도 충분할 때 진정으로 하고 싶은 일은 무엇인가? 계속된 자신과의 대화에서만 얻을 수 있는 해답이 누구에게나 존재한다.

모든 사람들에게 공평하게 주어지는 것이 바로 시간과 죽음이다. 그렇지만 모두가 다른 방식으로 시간을 쓰고, 죽음을 맞이한다. 한평생을 후회 없이 살고 싶다면, 지금 이 순간을 살자. 매 순간 자신이 원하는 삶을 살자. 투자라는 강력한 도구를 사용하여 계속 미뤄왔던 꿈을 향해 나아가 보자.

3

주식의 수익 창출은
한계가 없다

직장인은 안정된 월급 때문에 직장에 메여 있다. 사실 이 안정감 이면
에는 대가가 따른다. 나를 위해 쓸 수 있는 시간을 회사에 바쳐야 하기
때문이다. 월급을 받음으로써 소득에 한계를 그어 버린다. 반면 어떤 일
을 하든 자신이 만든 결과에 따라 보상을 받는 사람들은 부자가 될 확률
이 크다.

삶의 운전대를 스스로 잡고 있는 사람이 부자다. 특히 경제적인 부를
향해 가는 운전대는 반드시 내가 잡고 있어야 한다. 다른 사람의 힘으로
이룰 수는 없다. 타인이나, 환경, 사회, 나라에 맡긴 채 흘러가는 대로 살

아서는 부자가 될 수 없다. 스스로 삶의 방향을 정하고 원하는 대로 현실을 만들 수 있어야 한다.

돈과 반대되는 대표적인 자산으로, 채권, 주식, 부동산이 있다. 그중에 투자자들이 가장 익숙한 투자는 주식과 부동산이다. 나는 각 투자가 가지고 있는 장단점이 있다고 생각한다. 처음에 목돈이 없는 사람들이 접근하기 쉬운 시장은 주식시장이다. 적은 금액으로도 가지고 있는 돈으로 바로 투자를 할 수 있다. 돈이 모이면, 목돈으로 자산을 나누어 부동산 투자를 할 수도 있다. 하지만 부동산 투자의 경우, 정부의 규제에 많은 영향을 받는다. 그리고 가격이 너무 급등할 경우 국민들의 반발이 거세진다. 부동산은 안정을 위해 나라에서 제재를 가하게 된다. 그에 따라 세금이 점점 더 늘고 있다.

주식은 가격이 높아지면 오히려 주식 수량을 분할하여 많은 투자자들이 접근할 수 있도록 한다. 그래서 주식시장의 수익은 오히려 한계가 없다. 나는 모든 투자를 하여 자산을 늘릴 수 있는 투자자가 되어야 한다고 생각한다. 사람들은 무조건 하나만 하려고 하지만 부자들은 모든 자산을 들고 있다. 각각의 자산이 가지고 있는 장단점이 다르기 때문이다.

회사에서 주어진 일을 하다 보면, 내 삶은 무엇일까 하는 생각이 들 때가 있다. 정신없이 일을 하다가 보면 시간은 빠르게 흘러간다. 어느새 나는 무엇 때문에 사는지 고민하는 순간이 오면, 또 다른 불안함이 생긴다. 회사라는 곳은 내 회사가 아닌 이상 반드시 나오게 되어 있다. 직장을 평생 다닐 수 있는 사람은 사장뿐이다.

나 자신을 위해서 소득의 파이프라인을 만들어야 한다. 지금 현재 직장에 다니면서 안정적인 월급이 들어오고 있다면 그중에 정해진 비중을 주식 투자 자금으로 시장에 참여시키면 된다. 어렵지 않다. 시장은 계속 내가 관심이 있든 없든 순환하고 있다. 그러니 어느 때라도 시작을 해야 한다.

시장의 바닥과 천장을 알 수 있는 사람은 없다. 이제 막 시작한 투자자도, 오랫동안 투자를 한 사람도, 주식 전문가도, 기관 투자자나 외국인 투자자도 모른다. 그저 시장 안에서 자신들의 상황에 맞게 투자를 할 뿐이다. 그러나 투자를 하고 안 하고의 차이는 시간이 갈수록 커진다. 직장인들은 두려움 때문에 너무 많을 것을 모르고 지나간다. 하지만 정말 위기 의식을 가져야 하는 사람들인 것은 확실하다.

회사를 나와서 어떤 일을 할 수 있을까? 회사를 다니면서 미리 생각해 보지 않은 사람들은 당황한다. 당장 회사에서 나와서 먹고 살아야 할 생활비 걱정이 눈앞을 가린다. 노동으로 돈 버는 방법밖에 배우질 못했으

6장_월급만 믿기에 불안한 당신에게

니 또 다른 노동을 찾아간다. 이미 시간이 흘러 나이가 들었으니 더 안 좋은 조건 속에서, 일을 하게 된다.

내가 내 삶을 내버려둔 채 흘러가는 대로 살아온 결과다. 지금 안정적인 월급이 들어온다고 하여 자기계발에 힘쓰지 않은 결과는 생각보다 더 힘든 상황을 가져온다. 주식 투자를 하면서 자본소득에 눈을 뜨게 되면 사람들은 자신이 얼마나 회사를 다니며 왜 답답했는지 알게 된다.

지금 우리가 당연하게 생각하는 사회 시스템을 볼 수 있는 눈이 생긴다. 자본을 계속 굴리고, 도전하면서, 타인에게 월급을 주는 위치에 있는 사람들은 많은 것을 누릴 수 있다. 그만큼 책임도 크다. 하지만 두려움 때문에 움츠려 있지는 않는다. 그들이 지금까지 해온 행동은 부의 의식을 가지고 있기 때문에 가능했다. 누군가는 무모하다고 하고, 위험하다고 움츠러들어 있을 때 끊임없이 도전한 결과다.

월급을 받는 안정적인 순간에 우리는 더 치열하게 나를 위해 할 수 있는 일을 찾고, 경험을 쌓아가야 한다. 사람들은 누구나 자신이 흥미롭게 생각하고, 즐겁게 생각하는 일을 가지고 있다. 그 일이 어떻게 하면 나에게 수익을 줄 수 있는지 생각해야 한다. 보통은 원하는 일 즐거운 일로는 돈을 벌 수 없다고 생각한다. 하지만 사업가들은 어떤 분야에서든 돈이 되는 방법을 찾아낸다. 그러니 그들은 하나같이 말한다. "당신은 무슨 일을 해서 돈을 버셨나요?"라고 물으면, 나는 일을 한 게 아니라 그냥 즐거운 것들을 하고 있었을 뿐이라고 말이다.

직장인들은 사업가 마인드를 가지고 있지 않다. 회사에서 일을 할 때도 내 사업이 아니니 시간만 때우다가 적당히 일을 하고 집에 가서 TV를 보거나 술 한 잔 기울일 생각만 한다. 그렇게 자기 자신의 삶을 낭비한다.

호스피스 병동에서 사람들에게 죽기 전에 후회되는 일을 물어보면 대답한 내용 중 가장 기억에 남는 말이 있다. 남들이 해야 한다고 하고, 남들의 기준에 맞춰서 사느라 정작 내가 하고 싶은 일들을 못해본 것이 후회된다는 말이었다. 결국 사람들은 죽을 때가 돼서야 깨닫는다. 지금까지 남들이 해야 한다고 하는 규정에 얽매여서 나 스스로 감옥을 만들었다는 사실을 말이다.

나는 창구에서 일을 하면서, 정말 생각이라고는 5분도 할 수 없는 나날을 보냈다. 끊임없이 번호표를 뽑으며 앞에 있는 손님들의 업무를 빠르게 처리해주어야 했고, 위에서 계속 해야 하는 일들 지시가 들어왔기 때문이다. 그런 생활이 반복될수록 우연히 창문 밖에 비둘기들이 돌아다니는 것을 보고, 비둘기들이 너무 부럽다는 생각을 했다. 그 순간 나는 눈물이 났다. 잠시라도 밖에 나가서 따뜻한 햇살을 느끼고 싶다는 생각이 들었다. 1평 남짓한 이 공간에서 벗어나지도 못하고 앞으로 정년까지 다닌다고 하면 30년 동안 이 생활은 변하지 않을 것이란 생각이 들었다.

내가 답답했던 것은 너무나 당연한 것이었다. 내 스스로 감옥을 만들었기 때문이다. 회사원들은 자신들만의 감옥과 족쇄를 가지고 있다. 열정을 바쳐서 일하는 회사원들일수록 나와 같은 감정을 느낄 것이다. 처음 취업한 회사에 애사심을 가지고 미친 듯이 일을 하다 보면 어느 새 나는 사라지고 회사의 톱니바퀴가 된 기분 말이다. 사람들은 누구나 자신이 원하는 삶을 살려고 이 지구에 온다. 그러니 정말로 원하는 삶을 찾아가기까지는 모두 과정이다. 스티브 잡스가 말했던 점들을 찍는 것이다. 그렇게 그 점들이 이어져서 정말로 즐거워서 하는 일을 찾게 되면, 시간가는 줄 모르고 자나 깨나 그 생각만 하게 된다.

직장에서 나와서는 일 생각을 전혀 하고 싶지 않다면, 당신은 지금 당장 진지하게 자신을 돌아보아야 한다. 우리의 능력에는 한계가 없다. 마찬가지로 주식의 수익 창출에도 한계가 없다. 그렇기 때문에 주식 투자를 하면서, 마인드를 키우는 일을 꾸준히 하다 보면 나 스스로를 돌아보게 된다. 투자자의 마인드와 삶을 살아가는 마인드는 연결이 된다.

4
주식은 부자로 가는
가장 유용한 도구다

세계적인 동기부여가 브라이언 트레이시가 말해주는 자수성가형 부자들의 특징은 3가지가 있다.

첫 번째, 인과 법칙이다. 어떤 일이든 원인이 있고, 결과가 있다는 것이다. 성공한 사람들은 끊임없이 시도했고, 한 번에 성공하지 않았다. 그러니 '언젠가' 완벽해지면 하겠다가 아니라 '지금' 하겠다는 마음을 가져야 한다. 바로 실행하고 정정하면서 가야 한다.

두 번째, 자신이 좋아하는 일을 한다. 자수성가한 사람들에게 '무슨 일을 하고 있습니까?'라고 물어보면, '저는 일을 한 적이 없습니다. 그저 좋아하는 것을 할 뿐이죠.'라고 대답한다.

세 번째, 최고가 된다. 성공한 사람들은 자기 일에 뛰어나다. 사람들은 지금 하고 있는 일을 하고, 집에 가면 일에 대해 전혀 생각하지 않는다. 정말 좋아하는 일을 하는 사람들은 어떤 상황이든 그 일에 대해 생각한다. 그러니 당신이 그렇게 하고 있지 않다면 시간만 때우고 있는 것이다. 그리고 분야를 잘못 선택한 것이다. 누구든 최고가 되기 위해 시간을 들인다. 대부분은 7년이라는 시간이 들인다. 시간은 어쨌든 흐른다. 중요한 것은 당신이 상위 10%에 들것인지, 90%로 살 것인지는 스스로 선택한다는 것이다.

주식 투자를 지속적으로 하는 한국인의 인구는 2%다. 당신은 주식에 대해 어떻게 생각해왔는가? 대부분은 편견이 있다. 주식은 도박이라는 말을 어디선가 들어왔기 때문이다. 하지만 기업들이 성장하고, 투자를 받는 주식이라는 도구가 나의 부의 사다리가 되어줄 수 있다.

최근 주식이 크게 하락한 이후 사람들이 오히려 주식에 관심을 더 보이고 있다. 12년 만에 온 기회라며, 너나 할 것 없이 영혼까지 끌어 모아 투자를 감행한다. 이렇게 투자하고 있는 행태를 보면, 정말 아슬아슬하다. 투자에 대해서 투기와 대박이라는 생각만 하고, 뛰어 들고 있으니 말이다. 지금 주식이 굉장히 저평가되어 있다는 것은 확실하다. 하지만 무리한 투자를 하는 습관을 가지게 되는 것이 위험한 것이다. 시장이 아주 저평가된 시점에서 투자를 하는 것은 좋다. 다만 정말 위험한 것은 바닥에서 운 좋게 수익이 난 투자자들의 생각이 끝이 좋지 않게 될 경우가 많다는 것이다. 실제로 시장이 어느 정도 회복되자 개인 투자자들은 다시 주식이 하락할 것을 기대하며 큰 돈을 시장이 하락할 때 수익이 나는 상품들에 투자하고 있다. 이렇게 시장과 반대로 가는 투자는 정말 위험하다. 주식 투자를 하다 보면 투자 거인들의 명언이 왜 이렇게 중요한지 단번에 알 수 있다.

100년 동안 같은 말을 해도 모두 고개를 끄덕인다. 세상이 아무리 빠르게 변한다고 해도, 대중의 심리는 항상 비슷하기 때문이다. 새롭게 시장에 접근하는 투자자들이 항상 비슷한 감정과 상태로 투자를 하니 돈을 잃는 대부분의 투자자들은 아무것도 모르는 개인 투자자들이다.

시장에서 투자를 하는 투자자들이 만약 투자를 시작할 때 자동차를 운전한다는 마음으로 시작하면 좋겠다. 내가 처음 운전을 배울 때 운전면허학원에서 선생님에게 A부터 Z까지 공식처럼 운전을 배웠다. 하지만 정작 실전 운전을 시작하려니, 선생님의 말대로 운전하는 것은 더 어려웠다. 기본적인 규칙은 알 수 있었지만, 주차를 할 때 핸들을 왼쪽으로 두 바퀴 반 돌리고, 오른쪽으로 한 바퀴 돌리고 T자 주차를 하라는 말을 그대로 적용하기는 어려웠다. 결국 내가 직접 운전을 계속 해보면서 익혀야 했다.

투자 시장도 마찬가지다. 아주 기본적인 것들은, 이미 투자를 하고 있는 경험자들에게 원칙을 미리 배워두는 것이 좋다. 그래야 크게 다치지 않는다. 아무런 규칙도 모르는 채 운전대를 잡고 고속도로를 달리면 교통사고가 나는 것처럼 말이다. 그러니 여러분도 주식 투자를 하겠다고 마음먹었다면, 아주 기본적인 원칙이 담긴 책을 한 권만이라도 읽어보았으면 좋겠다. 책이 싫다면, 유튜브를 통해 동영상 하나라도 보았으면 한다.

내가 시장에서 여러 번 당해보니, 아주 기본적인 것만 지켜도 그렇게 크게 다치진 않았을 거라는 생각이 들었다. 그리고 운전을 잘하고 싶은 사람은 결국 경험이 쌓이고 자신만의 노하우와 감을 익힌 사람들이다. 투자도 마찬가지다. 시장에서 통하는 원칙 안에서 주식시장을 경험하면서, 익혀야 한다.

누군가는 바로 성과를 내고 싶어하고, 조급해한다. 주식 투자자들은 특히 빠르게 결과를 내고 싶어한다. 하지만 이런 조급함이 오히려 독이 된다. 투자를 하면서 이성의 끈을 잡고 있어야 한다.

판사들은 여러 가지 문제를 법적인 근거로 판단을 내린다. 그동안 있었던 유사 판례를 참고하기도 한다. 투자자도 마찬가지로 매 순간 판단을 내려야 한다. 그런데 그동안 있었던 유사한 내용들을 알고, 판단을 내릴 때 기준을 가지고 있다면, 투자하기가 편해진다. 나도 매번 투자를 할 때마다 새로운 사건, 새로운 일들이 발생하지만 한 가지 사실만은 명확히 기억했다.

경기는 순환하고, 꽃이 피는 시기가 계속되거나, 혹한기가 계속되지는 않는다는 사실을 말이다. 그러니 시장이 안 좋아서 모두가 비명을 지르고 도망갈 때도 꿋꿋이 투자를 한다. 모두가 시장의 파티를 즐길 때도 역시 투자를 하고 있다. 다만 내가 내린 판단에 따라 목돈을 넣을 시기와 빼는 시기를 정해두었다.

대부분의 시간은 적립식으로 투자를 하지만, 목돈이 들어가는 시기는 상대적으로 짧다. 내가 투자에 그만큼 더 예민해져 있어야 하기 때문이다. 그렇지만 시장을 아예 빠져나와서 있는 경우는 없다. 나는 항상 투자자로 살고 있다. 이제 나에겐 투자를 한다는 것은 숨 쉬는 것만큼이나 당연한 일이 되었다.

돈이 없을수록 투자를 시작해야 한다. 그만큼 투자는 부를 이루는 유용한 도구이기 때문이다. 누군가는 돈이 있어야 무엇이라도 할 수 있다고 말한다. 그렇게 모든 기회들을 흘려보낸다. 우리 주위에는 항상 기회가 있다. 『보물지도』라는 책에서 본 내용 중에 기회에 관한 내용이 있었다. 지금 있는 그곳에서 눈을 감고 빨간색 물건이 몇 개나 있는지 세어보라고 한다. 실제로 나는 집에서 책을 읽다가 눈을 감았다. 그리고 떠올려봤으나 우리 집에 빨간 물건은 없는 것 같았다. 하지만 실제로 눈을 떠서 바라보니 생각보다 많은 물건들이 빨간색이었다. 그렇게 기회도 매 순간 우리 곁에 있지만, 우리가 자세히 들여다보지 않아서 놓치게 된다.

주식 투자라는 기회는 그러한 빨간 문을 하나 열고 나가는 것이다. 새로운 도전을 하면 새로운 세계가 펼쳐진다. 그동안 관심에 두지 않았던, 경제, 사회, 정치, 역사 이야기들이 모두 주식과 투자, 금융과 관련한 이야기로 들린다. 그렇게 투자에 눈을 뜨면, 어느새 투자자의 안목을 가지게 된다.

주식은 부자로 가는 가장 유용한 도구이다. 주식 투자를 모르고 오로지 노동으로만 돈을 벌려는 사람들보다 시간이 지날수록 자산에 큰 차이가 난다. 내가 돈을 벌고 쓰는 현금 흐름에 집중하는 삶을 살았다면, 이제는 자산과 부채, 자본을 신경 쓰는 재무제표의 삶으로 바꾸어야 한다. 어떻게 하면 자산을 늘릴 수 있는지 고민하고, 지금부터 주식으로 파이프라인을 만들어야 한다. 파이프라인을 만드는 동안은, 그냥 얻겠다는 놀부 심보가 아닌, 한걸음씩 나아가는 마인드로 시작하면 된다.

5
월급만 믿기에
불안한 직장인들에게

"우리나라 기업 총수들이 나를 위해 일하고 있다!"

내가 ETF 투자를 처음 하려고 하는 사람들에게 하는 말이다. 우리나라 시장 지수인 KOSPI200에 투자하는 ETF를 투자한다면, 우리나라의 기업에서 일하고 있는 직장인들뿐 아니라 총수도 나의 지수를 위해 일하고 있는 것과 같다. 직장에서 상사가 집에도 가지 않고, 눈치주면서 계속 일을 시킨다면, 그런 열정을 다해 일하는 사람들이 많을수록 내 지수가 올라간다고 생각하면 감사할 것이다. 우리는 이렇게 모든 상황을 나의 편으로 만들 수 있는 현명한 사람이 되어야 한다.

지수 투자를 하는 투자자만큼 현명한 투자자는 없다. 더 이상 직장에서 주는 월급만으로는 불안하다고 느낄 때 사람들은 선택한다. 아무 생각 없이 당장은 괜찮으니 그냥 나의 시선을 끄는 예능을 보거나, TV프로, 게임 등을 하며 애써 무시하는 사람이 될 수 있다. 아니면, 불안하니까 당장 조금 더 나아보이는 위치로 가기 위해 승진이나, 이직을 위한 자격증 공부, 또는 대학원 공부를 선택할 수도 있다. 아니면, 아예 세상이 미쳤다고 생각해서 유학이나 해외 도피라는 선택을 할 수도 있다. 어떠한 선택을 하던 그 근본적인 심리 상태는 불안이다.

불안한 감정은 우리에게 약이 되기도 하고 독이 되기도 한다. 하지만 대부분은 독이다. 그러니 이러한 감정들에 몰입하지 말고 할 수 있는 행동을 바로 해야 한다. 지금 이 순간에 집중하면서 행동하면, 어느새 불안이 잠재워진다. 내가 직장인들에게 투자를 권하는 이유도, 바로 행동하여 투자할 때 우리는 경험을 할 수 있고, 그로 인해 더 나은 결과를 만들 수 있기 때문이다.

20년 넘게 한 직장에서 일을 하시고 이제 곧 은퇴를 하는 나의 아버지를 생각하면, 나는 눈물이 난다. 우리 아버지가 나에게는 이 세상에서 슈퍼맨만큼 대단한 분이라고 생각하기 때문에, 불안해하거나, 노후를 준비하기 위해 아등바등하는 모습을 보면, 괜스레 눈물이 난다. 그렇지만, 언제나 우리 아버지는 말씀하셨다. "나는 괜찮으니, 너희 엄마나 잘 돌봐드려."라고 말이다. 그 말이 더 가슴을 치게 만든다. 소중한 나의 부모님, 열심히 일하셨으니 이제는 정말 원하는 삶을 사셨으면 좋겠다. 돈 때문에 불안하거나, 힘들어 하는 삶 말고, 직장을 다니면서도 열심히 나무를 가꾸시고, 산에 다니기를 좋아하셨던 부모님이 이제는 좋아하는 산도 많이 가시고, 하루하루가 천국인 삶을 사시길 소망한다.

나의 소망은 현실로 빠르게 이루어진다. 내가 소원을 이루는 가장 강력한 방법을 알기 때문이다. 의식 책을 많이 읽는 이유 중 하나는 나의 의식이 이 세상에 나타나는 모든 물질의 근원이기 때문이다. 내가 가지고 있는 것에 진심으로 감사하고, 내가 할 수 있는 일들에 기쁨이 넘친다. 그 충만함이 모든 것을 만들어내는 원동력이다.

열심히 기도를 해도, 현실은 항상 내가 원하는 것과는 다른 모습이었다. 잘못된 기도 방법으로 그동안 원하는 것들을 갈구해왔다는 사실을 깨달았다. 신은 우리에게 능력과 부를 모두 주었다. 이미 내가 원하는 것들은 내 손 안에 있다. 그 사실을 알고 하루하루 감사함이 넘친다. 아침에 일어나서 사랑하는 사람과 인사를 나누고, 따뜻한 음식을 먹고, 사랑하는 사람들과 일을 하고, 즐거운 이야기를 나눈다. 나의 하루는 온통 사랑으로 가득하다.

내가 가지고 있는 모든 것을 다른 이들도 느끼길 바란다. 그래서 나는 내가 변할 수 있었던 나의 모든 체험을 다른 이들도 하기를 원한다. 나의 처음은 투자였다. 투자를 하면서 나는 도전하는 방법과 넘어지고 깨지는 방법을 배웠다. 그리고 그 안에서 계속 멈추지 않고 나아갔다.

세상은 아름답다. 지구라는 행성에 우리는 많은 체험을 하기 위해 왔다. 그러니 우리가 하고 싶고, 원하는 것들은 모두 해보아야 한다. 탓을 하거나, 비관하는 자세는 전혀 도움이 되지 않는다. 삶에서든 투자에서든 모든 원칙은 다 똑같다. 긍정적인 자세와 바람직한 마인드가 가장 중요하다. 내가 지금 어떤 상태인지 가만히 들여다보는 시간도 중요하다.

대부분의 직장인들은 회사에서 주는 월급이 없으면 생활이 불가능하다. 한 달 한 달 하루살이처럼 살아간다. 국가에 세금도 꼬박꼬박 내지만, 미래를 국가가 보장해줄 것 같지 않은 불안함도 가지고 있다. 그리고 탓을 한다. 회사는 왜 나에게 더 많은 것을 주지 않는지, 이 나라는 나에게 도움이 되는 일을 하지 않는지, 끼리끼리 모여서 탓하기 바쁘다.

직장에서 가장 불필요한 시간은, 회사가 끝나고 저녁에 동료들과 만나서 맥주 한 잔 기울이는 시간이다. 나 또한 직장생활을 하는 내내, 회사가 끝나면 동료들과 모여 그날 있었던 업무 이야기, 상사 이야기로 결국 계속 남 욕하다가 끝나는 하루를 자주 보냈다. 그렇게 내가 잃어버린 시간과 에너지는 고스란히 다시 나에게 돌아온다. 내가 하는 말을 가장 먼저 듣고, 반응하는 사람은 바로 나 자신이다!

가장 충격적인 것은 누군가를 욕할 때 그 말을 먼저 듣는 것이 나라는 사실이다. 그 사람은 오히려 못 들어서 모르고 지나가는 경우가 대부분이다. 사람들이 쉽게 욕을 하고 화를 내는 상황은 많다. 그중 가장 대표적인 상황이 운전할 때 혼자서 운전을 하면서, 갑작스러운 상황이 발생하면, 고래고래 욕을 하고 난리를 친다. 하지만 정작 제 갈 길 가던 차들은 그저 자신의 길을 갈 뿐이다. 결국 씩씩거리고 화가 난 감정은 나 혼자만의 감정이다. 그러니 모든 부정적인 에너지와 화를 내가 당하는 것이다.

기분 좋은 상태를 유지하는 데 가장 강력한 방법은 행동과 말이다. 아침에 일어나 밖으로 나가 만나는 모든 사람들에게 '사랑합니다. 축복합니다.'를 감정으로 건넨다. 그렇게 사랑의 눈빛으로 사람들을 마주치다 보면, 저절로 웃으면서 인사가 나온다.

"좋은 아침이네요!"

"오늘 헤어스타일 멋지시네요!"

기분이 좋으니 타인의 상태가 모두 멋져 보인다. 그러면 상대방도 바로 나를 칭찬한다.

"오늘 기분 좋아 보이네요!"

"이슬 씨는 항상 밝아! 좋아하는 일을 해서 그런가 봐!"

이 말을 듣고 하루를 시작하면, 정말로 에너지가 넘치고, 모든 일이 잘 풀린다. 어떤 상황이 발생하든 뭐든지 뛰어 넘을 수 있다는 하늘을 나는 자신감이 충만하다. 감정만큼 강력한 힘은 없다. 그러니 불안이라는 감정에 파묻히지 말자.

직장에 다닐수록 나의 감정을 최상의 상태로 유지하고, 거기서 떠오른 일들을 바로 행동으로 옮겨야 한다. 내가 이제부터 주식 투자를 하겠다고 생각했다면, 바로 비대면 계좌를 개설하고, 투자에 대한 모든 궁금증을 하나씩 해결해나가자. 그렇게 자연스럽게 투자와 친숙해진다면, 당신은 지금까지 월급만 믿고 생활하던 삶을 벗어나, 새로운 투자자의 삶을 살고 있을 것이다. 당신의 밝고 에너지 넘치는 모습이 모든 상황을 바꿀 것이다. 언제 어디서든 이 책을 보고 있는 당신을 크게 응원한다.

6장_ 월급만 믿기에 불안한 당신에게

에필로그

다음은 한투협에 오는 회원들과 함께 외치는 구호이다.

"ETF 투자를 통해 모든 기업의 총수가 나를 위해 일하게 하라!"

주식 투자를 가르쳐주며, 놀랍게도 전문직에 종사하는 사람들도 금융을 잘 모르고 있다는 사실을 알게 되었다. 수많은 의사, 교사, 엔지니어 분들이 나를 찾아왔지만 모두가 하나같이 금융이나 돈에 대한 공부는 제대로 해본 적이 없다고 했다. 그래서 이제부터라도 제대로 하고 싶다고 의지를 표현했다. 돈은 버는 것도 중요하지만 나에게 흘러들어온 돈을 불리는 것도 중요하다.

직장동료와 같은 시기에 일을 시작했지만, 퇴직할 때가 되면 누군가는 인생 2막을 준비해두어 여유로운 생활을 하는 반면, 누군가는 절망에 빠지게 된다. 투자를 꾸준히 해왔던 사람들은 어떤 상황이 되었든 기회가 오면 잡을 수 있는 강력한 무기를 가지게 된다. 그러니 돈이 없을수록 ETF투자를 시작해야 한다.

주식 투자자가 가장 돈이 많은 시기가 언제일까? 인터넷에서 우스갯소리로 주식 투자를 가장 처음 하는 시기라는 말이 있다. 대부분의 투자자들이 퇴직금을 받아 갑자기 투자하거나, 목돈이 있을 때 한꺼번에 투자하려고 하기 때문이다. 투자를 가장 모르는 초반에 투자를 가장 크게 하다 보니 돈을 잃기가 쉽다. 나는 주식 투자를 처음 하는 사람이라면 반드시 한 달에 커피 값이라도 조금씩 적립식으로 투자를 해보라고 권한다. 시장을 직접 경험해 봐야지 어떤 감정이 드는지 알 수 있기 때문이다.

복리로 늘어나는 수익은 우리가 생각했던 것보다 더 빠르게 불어난다. 우상향하는 주식 수익을 반드시 나의 편으로 만들어두어야 한다. 지금 당장 돈이 없다고 포기할 것이 아니라, 적은 금액이라도 시장에서 굴리면서 불리는 연습을 해야 한다. 돈이 많은 사람들은 투자를 하지 않아도 충분히 먹고 살 수 있지만, 하루 벌어서 하루 살기 힘든 사람에게 투자는 자신의 위치를 바꿀 수 있는 고속 엘리베이터이다.

"부자에는 정원定員이 없다."

내가 부자가 되기로 결심했다면 반드시 그것이 현실이 되도록 실행을 해야 한다. 누군가가 먼저 부자가 되었다고 해서 나는 못 되는 그런 환경이 아니다. 스스로 한계를 만들어서는 안 된다. 우리는 무엇이든 할 수 있고, 무엇이든 현실로 창조할 수 있는 완벽한 존재이다. 내가 처음에 도전한 일이 생각한 대로 단번에 성공하지 못할 수는 있다.

그렇다면 에디슨처럼 생각하면 된다. "작동하지 않는 한가지 원리를 알아냈어!"라고 생각하고 다음 방법을 실행하면 된다. 이렇게 더 나은 방향으로 가다 보면 한 발짝도 내딛지 않은 사람보다 어느새 성공과 가장 가까운 곳에 와 있게 된다.

결국은 실행이다. 투자에 대한 여러 권의 책을 읽든, 강의를 듣든, 백 가지 말보다 한 가지 실천을 한 사람이 더 앞서나가는 사람이다. 그러니 5초 내로 행동을 하라. 단번에 실행되지 않는 모든 생각은 지나가는 생각에 불과하다. 우리는 매일 바쁘다. 내가 관심이 가고 배우고 싶은 일이 있어도, 여러 가지 일들에 치여 실행되지 못한 채 지나간 무수히 많은 일들을 생각해보라. 주식 투자를 결심했다면 증권사 어플로 비대면 계좌를 바로 개설하고 〈한국주식투자코칭협회〉 네이버 카페에 가입하라. 그렇게 한 발짝 내딛은 발자국이 당신의 위치를 노동자에서 투자자로 빠르게 변화시킬 것이다. 부에 대해 말하고, 행동하며 현명한 투자자로 사는 여러분을 크게 응원하겠다.